U0514864

金光明经

赖永海 主编

刘鹿鸣 译注

中華書局

总　序

佛教有三藏十二部经、八万四千法门，典籍浩瀚，博大精深，即便是专业研究者，用其一生的精力，恐也难阅尽所有经典。加之，佛典有经律论、大小乘之分，每部佛经又有节译、别译等多种版本，因此，大藏经中所收录的典籍，也不是每一部佛典、每一种译本都非读不可。因此之故，古人有“阅藏知津”一说，意谓阅读佛典，如同过河、走路，要先知道津梁渡口或方向路标，才能顺利抵达彼岸或避免走弯路；否则只好望河兴叹或事倍功半。《佛教十三经》编译的初衷类此。面对浩如烟海的佛教典籍，究竟哪些经典应该先读，哪些论著可后读？哪部佛典是必读，哪种译本可选读？哪些经论最能体现佛教的基本精神，哪些撰述是随机方便说？凡此等等，均不同程度影响着人们读经的效率与效果。为此，我们精心选择了对中国佛教影响最大、最能体现中国佛教基本精神的十三部佛经，认为举凡欲学佛或研究佛教者，均可从“十三经”入手，之后再循序渐进，对整个中国佛教作进一步深入的了解与研究。

“佛教十三经”的说法，由来有自。杨仁山、梅吉庆以及中国佛学院都曾选有“佛教十三经”，所选经典大同小异。上述三家都选录的经典有:《金刚经》、《维摩诘经》、《法华经》、《楞伽经》、《楞严经》;被两家选录的经典有:《心经》、《胜鬘经》、《观经》、《无量寿经》、《圆觉经》、《金光明经》、《梵网经》、《坛经》。此外,《四十二章经》、《佛遗教经》、《解深密经》、《八大人觉经》、《大乘密严经》、《地藏菩萨本愿经》、《菩萨十住行道品经》、《大毗卢遮那成佛神变加持经》为一家所选录。本着以上所说的"对中国佛教影响最大、最能体现中国佛教基本精神"的原则,这次我们选择了以下十三部经典:《心经》、《金刚经》、《无量寿经》、《圆觉经》、《梵网经》、《坛经》、《楞严经》、《解深密经》、《维摩诘经》、《楞伽经》、《金光明经》、《法华经》、《四十二章经》。

佛教发展至今已有两千多年的历史,就其历史发展、思想内容说,有大乘、小乘之分。《佛教十三经》所收录之经典,除了《四十二章经》外,多为大乘经典。此中之缘由,盖因佛法之东渐,虽是大小二乘兼传,但是,小乘佛教在传入中国之后,始终成不了气候,且自魏晋以降,更是日趋式微;直到十三世纪以后,才有南传上座部佛教在云南一带的流传,且范围十分有限。与此相反,大乘佛教自传入中土后,先依傍魏晋玄学,后融汇儒家的人性、心性学说而蔚为大宗,成为与儒道二教鼎足而三、对中国社会各个方面产生着巨大影响的一股重要的社会思潮。既然中国佛教的主体在大乘,《佛教十三经》所收录的佛经自然以大乘经典为主。

对于大乘佛教,通常人们又因其思想内容的差异把它分为空、有二宗。空宗的代表性经典是"般若经"。中国所见之般

若类经典，以玄奘所译之《大般若经》为最，有六百卷之多。此外还有各类小本“般若经”的编译与流传，其中以《金刚经》与《心经》最具代表性与影响力。

“般若经”的核心思想是“空”。但佛教所说的“空”，非一无所有之“空”，而是以“缘起”说“空”，亦即认为，世间的万事万物，都是条件（“缘”即“条件”）的产物，都会随着条件的变化而变化。条件具备了，它就产生了（“缘起”）；条件不复存在了，它就消亡了（“缘灭”）。世间的一切事物，都不是一成不变的，而是一个念念不住的过程，因此都是没有自性的，无自性故“空”。《金刚经》和《心经》作为般若经的浓缩本，“缘起性空”同样是其核心思想，但二者又进一步从“对外扫相”和“对内破执”两个角度去讲“空”。《金刚经》的“对外扫相”思想集中体现在“一切有为法，如梦幻泡影，如露亦如电，应作如是观”这个偈句上，对内破执则有“应无所住而生其心”这一点睛之笔。《心经》则是以“色不异空，空不异色；色即是空，空即是色；受想行识亦复如是”来对外破五蕴身，以“心无罣碍”来破心执。两部经典都从扫外相、破心著的角度去说“空”。

有宗在否定外境外法的客观性方面与空宗没有分歧，差别仅在于，有宗虽然主张“外境非有”，但又认为“内识非无”，倡“三界唯心”、“万法唯识”，认为一切外境、外法都是“内识”的变现。在印度佛教中，有宗一直比较盛行，但在中国佛教史上，唯有玄奘、窥基创立的“法相唯识宗”全力弘扬“有宗”的思想，并把《解深密经》等“六经十一论”作为立宗的根据，《佛教十三经》选录了对“唯识宗”影响较大的《解深密经》进行注译。

《解深密经》的核心思想在论证一切外境外法与识的关系，认为一切诸法乃识之变现，阿赖耶识是生死轮回的主体，是万物生起的种子。经中还提出了著名的“三性”、“三无性”问题，并深入地论述了一切虚妄分别相与真如实性的关系。

与印度佛教不尽相同，中国佛教的主流或主体不在纯粹的“空宗”或“有宗”，而在大乘佛教基本精神与中国传统文化（特别是儒家心性学说）汇集交融而成的“真常唯心”思想，这种“真常唯心”思想也可称之为“妙有”的思想。首先创立并弘扬这种“妙有”思想的是智者大师创建的天台宗。

天台宗把《法华经》作为立宗的经典依据，故又称“法华宗”。《法华经》的核心思想，是“开权显实，会三归一”，倡声闻乘、缘觉乘、菩萨乘同归一佛乘，主张一切众生悉有佛性。《法华经》是南北朝之后，中国佛教走向以大乘佛教为主流的重要经典依据，也是中国佛教佛性理论确立以一切众生悉有佛性、都能成佛为主流的重要经典依据。而《法华经》的“诸法实相”也成为中国佛教“妙有”思想的重要思想资源和理论依据。

中国佛教注重“妙有”之思想特色的真正确立，当在禅宗。慧能南宗把天台宗肇端的“唯心”倾向推到极致，作为标志，则是《坛经》的问世。《坛经》是中国僧人撰写的著述中唯一被冠以“经”的一部佛教典籍，其核心思想是“即心即佛”、“顿悟成佛”。《坛经》在把佛性归诸心性、把人变成佛的同时，倡导“即世间求解脱”，主张把入世与出世统一起来，而这种思想的经典根据，则是《维摩诘经》。

《维摩诘经》可以说是对中国佛教影响最大的一部佛经，

不论是作为中国佛教代表的禅宗，还是成为现、当代佛教主流的人间佛教，《维摩诘经》中的“心净则佛土净”及“亦入世亦出世”、“在入世中出世”的思想，都是其最为重要的思想资源和经典依据。尤其值得一提的是，贯穿于整部《维摩诘经》的一根主线——“不二法门”，更是整个中国佛教的方法论依据。

《楞伽经》也是一部对禅宗、唯识乃至整个中国佛教有着重大影响的佛经。《楞伽经》思想有两个重要特点，一是融汇了空、有二宗，既注重“二无我”，又讲“八识”、“三自性”；二是把“如来藏”和“阿赖耶识”巧妙地统合起来。因此之故，《楞伽经》既是“法相唯识宗”借以立宗的“六经”之一，又被菩提达摩作为“印心”的依据，并形成一代楞伽师和在禅宗发展史颇具影响的“楞伽禅”。

《楞严经》则是一部对中国佛教之禅、净、律、密、教都有着广泛而深刻影响的大乘经典。该经虽有真、伪之争，但内容十分宏富，思想体系严密，几乎把大乘佛教所有重要理论都囊括其中，故自问世后，就广泛流行。该经以理、行、果为框架，谓一切众生都有“菩提妙明元心”，但因不明自心清净，故流转生死，如能修禅证道，即可成就无上正等正觉。这一思想对中国佛教的各宗各派都产生了极其深刻的影响。

《圆觉经》是一部非常能够体现中国佛教注重“妙有”思想特色的佛经。该经主张一切众生都具足圆觉妙心，本当成佛，无奈为妄念、情欲等所覆盖，才于六道中生死轮回；如能顿悟自心本来清净，此心即佛，无须向外四处寻求。该经所明为大乘圆顿之理，故对华严宗、天台宗、禅宗都有十分重要的影响。

《金光明经》对中国佛教的影响，主要体现在其“三身”、“十地”思想、大乘菩萨行之舍己利他、慈悲济世思想、金光明忏法及忏悔思想、以及天王护国思想。由于经中所说的诵持本经能够带来不可思议的护国利民功德，故长期以来被视为护国之经，在所有大乘佛教流行的地区都受到了广泛重视。

《无量寿经》是根据“十方净土”的思想建立起来的净土类经典，也是净土宗所依据的“三经”之一。经中主要叙述过去世法藏菩萨历劫修行成无量寿佛的经过，及西方极乐世界的种种殊胜。净土信仰自宋之后就成为与禅并驾齐驱的两大佛教思潮之一，到近现代更出现“家家阿弥陀，户户观世音”景象，故《无量寿经》在中国佛教史上的影响至为广泛和深远。

《梵网经》在佛教“三藏”中属“律藏”，是大乘戒律之一，在中国佛教大乘戒律中，《梵网经》的影响最大。经中主要讲述修菩萨的阶位（发趣十心、长养十心、金刚十心和体性十地）和菩萨戒律（十重戒和四十八轻戒），是修习大乘菩萨行所依持的主要戒律。另外，经中把“孝”与“戒”相融通、“孝名为戒”的思想颇富中国特色。

所以把《四十二章经》也收入《佛教十三经》，主要因为该经是我国最早译出的佛教经典，而且是一部含有较多早期佛教思想的佛经。经中主要阐明人生无常等佛教基本教义和讲述修习佛道应远离诸欲、弃恶修善及注重心证等重要义理，且文字平易简明，可视为修习佛教之入门书。

近几十年来，中国佛教作为中国传统文化的重要组成部分，以其特殊的文化、社会价值逐渐为人们所认识，研究佛教

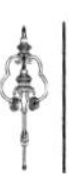

者也日渐增多。而要了解和研究佛教，首先得研读佛典。然而，佛教名相繁复，义理艰深，文字又晦涩难懂，即便有相当文史基础和哲学素养者，读来也颇感费力。为了便于佛学爱好者、研究者的阅读和把握经中之思想义理，我们对所选录的十三部佛典进行了如下的诠释、注译工作：一是在每部佛经之首均置一"前言"，简要介绍该经之版本源流、内容结构、核心思想及其历史价值；二是在每一品目之前，都撰写了一个"题解"，对该品目之内容大要和主题思想进行简明扼要的提炼和揭示；三是采取义译与意译相结合的原则，对所选译的经文进行现代汉语的译述。这样做的目的，是希望它对原典的阅读和义理的把握能有所助益。当然，这种做法按佛门的说法，多少带有"方便设施"的性质，但愿它能成为"渡海之舟筏"，而不至于沦为"忘月之手指"。

赖永海

庚寅年春于南京大学

前 言

《金光明经》是大乘佛教中有着重要影响力的经典之一。由于经中所说的诵持本经能够带来不可思议的护国利民功德，能使国中饥馑、疾疫、战乱得以平息，国土丰饶，人民欢乐，故历代以来《金光明经》被视为护国之经，在大乘佛教流行的所有地区都受到了广泛重视。加之经中的金鼓忏悔法、流水长者子治病护生以及萨埵王子舍身饲虎的著名故事，使得这部经成为被广泛持诵的大乘经典。在尼泊尔，此经自古以来被视为九部大经之一，并在此发现了原始梵本。在日本，这部经从七世纪开始就被列为“镇护国家三经”之一(《妙法莲华经》、《仁王护国般若经》、《金光明经》)，在全国的寺庙诵读。这部经在蒙藏地区也持诵得非常普遍，过去在蒙古地区有各家轮流供养僧人每天念诵《金光明最胜王经》的习俗。

一　本经五译五本

本经汉文有五译五本(依《历代三宝纪》、《大唐内典录》、《开元释教录》)：

（一）北凉玄始年间（412～427）昙无谶译《金光明经》四卷，十八品（以下简称谶本）。

（二）梁承圣元年（552）真谛再译成七卷（或六卷），名《金光明帝王经》，是在谶本基础上补译《三身分别》、《业障灭》、《陀罗尼最净地》、《依空满愿》四品，而成二十二品。今不存。

（三）北周武帝时（561～578）耶舍崛多再译成五卷，名《金光明更广寿量大辩陀罗尼经》。《开元释教录》说也是谶本的增译本，主要是对《寿量品》增补其文，对《大辩品》增加了咒法，故称为“更广寿量、大辩陀罗尼经”。今不存。

（四）隋开皇十七年（597）大兴善寺沙门宝贵综合各家译本，删同补缺，主要依据谶译本，合以真谛补译四品及耶舍崛多对《寿量》、《大辩》二品的增补文，同时从当时新传入中土的梵本中发现有《嘱累》、《银主陀罗尼》二品，更请阇那崛多译出，由此而成《合部金光明经》八卷，二十四品（以下简称合本）。

（五）武周长安三年（703）义净译出《金光明最胜王经》十卷，三十一品（以下简称净本）。这一译本品目义理最为完备，译文华质得中，慈恩宗慧沼曾据以注疏宏扬。

其中一、四、五译本今存，品目对照如下：

<table>
<tr><td colspan="2">科判</td><td>金光明经</td><td>合部金光明经</td><td>金光明最胜王经</td></tr>
<tr><td colspan="2">序分</td><td>序品第一</td><td>序品第一</td><td></td></tr>
<tr><td rowspan="10">正宗分</td><td rowspan="2">果</td><td>寿量品第二</td><td>寿量品第二（耶舍增补）</td><td>如来寿量品第二</td></tr>
<tr><td></td><td>三身分别品第三（真谛）</td><td>分别三身品第三</td></tr>
<tr><td rowspan="6">行</td><td>忏悔品第三</td><td>忏悔品第四</td><td>梦见金鼓忏悔品第四</td></tr>
<tr><td></td><td>业障灭品第五（真谛）</td><td>灭业障品第五</td></tr>
<tr><td></td><td>陀罗尼最净地品第六（真谛）</td><td>最净地陀罗尼品第六</td></tr>
<tr><td>赞叹品第四</td><td>赞叹品第七</td><td rowspan="2">莲花喻赞品第七</td></tr>
<tr><td></td><td></td></tr>
<tr><td></td><td></td><td>金胜陀罗尼品第八</td></tr>
<tr><td rowspan="2">境</td><td>空品第五</td><td>空品第八</td><td>重显空性品第九</td></tr>
<tr><td></td><td>依空满愿品第九（真谛）</td><td>依空满愿品第十</td></tr>
<tr><td colspan="2" rowspan="8">流通分</td><td rowspan="2">四天王品第六</td><td rowspan="2">四天王品第十</td><td>四天王观察人天品第十一</td></tr>
<tr><td>四天王护国品第十二</td></tr>
<tr><td></td><td>银主陀罗尼品第十一（阇那崛多）</td><td>无染着陀罗尼品第十三</td></tr>
<tr><td></td><td></td><td>如意宝珠品第十四</td></tr>
<tr><td>大辩天神品第七</td><td>大辩天品第十二（耶舍增补）</td><td>大辩才天女品第十五</td></tr>
<tr><td rowspan="2">功德天品第八</td><td rowspan="2">功德天品第十三</td><td>大吉祥天女品第十六</td></tr>
<tr><td>大吉祥天女增长财物品第十七</td></tr>
<tr><td>坚牢地神品第九</td><td>坚牢地神品第十四</td><td>坚牢地神品第十八</td></tr>
</table>

续表

科判	金光明经	合部金光明经	金光明最胜王经
	散脂鬼神品第十	散脂鬼神品第十五	僧慎尔耶药叉大将品第十九
	正论品第十一	正论品第十六	王法正论品第二十
	善集品第十二	善集品第十七	善生王品第二十一
	鬼神品第十三	鬼神品第十八	诸天药叉护持品第二十二
	授记品第十四	授记品第十九	授记品第二十三
	除病品第十五	除病品第二十	除病品第二十四
	流水长者子品第十六	流水长者子品第二十一	流水长者子品第二十五
	舍身品第十七	舍身品第二十二	舍身品第二十六
	赞佛品第十八	赞佛品第二十三	十方菩萨赞叹品第二十七
			妙幢菩萨赞叹品第二十八
			菩提树神赞叹品第二十九
			大辩才天女赞叹品第三十
	嘱累品第十九	付嘱品第二十四（阇那崛多增补）	付嘱品第三十一

现存谶本、合本、净本三个版本，序分、正宗分、流通分都具足。其中，合本与净本内容大同小异，只是净本文相稍广。而二者与谶本则有较多不同，主要有：（一）正宗分中谶本多为喻说，合本、净本则增加了对佛之三身、涅槃以及十地等法义解释（《三身分别品》、《陀罗尼最净地品》）；（二）合本、净本中增加

了大量陀罗尼内容。综合来看，谶本与合本、净本的不同反映出《金光明经》梵文原本就存在一个增添发展的过程，此经梵文原本应该至少存在两种流传比较广的本子。大概谶译所依是最初的略本，而净译所依则是后来的广本。藏文藏经中收有直接从梵本翻出的两本：一是胜友等译十卷本（二十八品），大同净译；二是失译五卷本（二十品），大同谶译。还收有法成依义净译本重翻的藏文本。近代在尼泊尔发现完整梵本，二十一品，大同谶本。这足以证明谶译、净译各自所依的梵本在西土都曾流行。

《金光明经》在信奉大乘佛教的国家地区受到广泛推崇，除了译为汉文外，还被翻译为藏、回鹘、西夏、于阗、维吾尔、蒙古、满、越南等多种文字，足见影响力的深远。

本经注疏主要有真谛作《金光明经疏》，今已不存。天台宗智颉撰《金光明经玄义》二卷和《金光明经文句》六卷（均为门人灌顶录），又著《金光明忏法》（见《国清百录》卷一）。三论宗吉藏著《金光明经疏》一卷。其后华严宗慧沼又就义净新译著《金光明最胜王经疏》十卷。宋代天台家更有发挥。如知礼作《金光明经玄义拾遗记》、《金光明经文句记》各六卷，又著《金光明最胜忏仪》一卷，遵式也著有《金光明忏法补助仪》一卷。此外，宋代宗晓著《金光明经照解》二卷，宋代从义著《金光明玄义顺正记》三卷、《金光明经文句新记》七卷，明代受汰集《金光明经科注》四卷，敦煌石室中也发现有《忏悔灭罪金光明经冥报传》，记载持诵《金光明经》的感应事迹。

《金光明经》在中土以谶译四卷本和净译《金光明最胜王

经》十卷本最为流行。就品目义理之完备而言，以净本为胜；然就持诵流通之普遍来说，以谶译居首。谶译先有智者大师作《金光明经玄义》、《金光明经文句》，后之天台宗学人接续作疏释，故流传甚广；加之谶译四卷本在诵读上一来长度适中，二来属于本经的特色内容比较突出，故历来持诵之盛，流通之广，无出谶译。因此，这次翻译采用的底本为昙无谶译四卷本。

昙无谶（385—433），中印度人，初习小乘教法，兼究五明。后遇白头禅师，得《大般涅槃经》，悔而改学大乘。年至二十诵大小乘经二百余万言，又擅咒术，西域称为大咒师。后携《大般涅槃经》前分并《菩萨地持经》（即唐玄奘译《瑜伽师地论菩萨地》的异译）、《菩萨戒本》等至罽宾，又到龟兹、敦煌。北凉玄始十年（421）至姑臧（今甘肃武威），受到北凉王沮渠蒙逊礼遇。学汉语三年后，以河西沙门慧嵩、道朗为助手，译出《大般涅槃经》四十卷、《大方等大集经》二十九卷、《金光明经》四卷、《悲华经》十卷、《菩萨地持经》八卷、《菩萨戒本》一卷、《优婆塞戒经》七卷、《方等大云经》六卷以及佛传的重要作品《佛所行赞》五卷等共十九部一百三十一卷，凡六十多万言。由于昙无谶译出《大般涅槃经》，开中土涅槃学的先河，对中国佛教思想发展有很大影响。此外，他对菩萨戒的传授，直至唐代还有重要影响。北魏太武帝拓拔焘听说昙无谶有道术，遣使向蒙逊强索，蒙逊不得已而放行，然又派人刺杀昙无谶于途中，时年四十九岁。

二　经题“金光明”

经题“金光明”三字，真谛三藏首先解释为表三种三法：即

三身佛果、涅槃三德、三种佛性。“金”体真实,譬法身;“光”用能照,譬应身;“明”能遍益,譬化身,这是表三身佛果。又以“金”喻法身的常乐我净四德,“光”喻般若德,“明”喻解脱德,这是表涅槃三德。又以“金”体本有,喻道前正因佛性;“光”用始有,喻道内了因佛性;“明”是无暗,喻道后至果的缘因佛性,这是表三种佛性。简言之,真谛三藏以法身、涅槃的佛果作为本经的义理核心。但是天台宗智者大师认为上述解释还不够圆满,没有达到天台宗圆教的深度,故他在《金光明经玄义》中又提出“以法性为体”,并解释说:“法性之法可尊可贵名法性为金,此法性寂而常照名为光,此法性大悲能多利益名为明。此即是金光明法门。”如同《华严经》说:“一切诸如来,同共一法身,一身一智慧,力无畏亦然。”一身即是同“金”,智慧即是同“光”,力无畏即是同“明”,于一法体三义具足。《金光明经》中说:“若入是经,即入法性,如深法性,安住其中,即于是典,金光明中,而得见我,释迦牟尼。”“金”比喻诸佛法身、诸法法性,这是一切功德之所依,安住法性才是进入本经,真见释迦牟尼佛;“光明”比喻法身所起的不可思议力用,具有无量威德,能够摧伏一切烦恼怨敌,并由此得到诸天拥护。故智者大师以“法性”义作为本经的甚深义理所在,并以法性圆谈无量义来解释“金光明”三字。又具体举出十种三法,即三德(法身、般若、解脱)、三宝(佛、法、僧)、三涅槃(性净涅槃、圆净涅槃、方便净涅槃)、三身(法身、报身、应身)、三大乘(理乘、随乘、得乘)、三菩提(真性菩提、实智菩提、方便菩提)、三般若(实相般若、观照般若、方便般若)、三佛性(正因佛性、了因佛性、缘因佛性)、三

识（庵摩罗识第九不动识、阿梨耶识第八无没识、阿陀那识第七分别识）、三道（苦道、烦恼道、业道）等，来说明“金光明”三义。又分为“从无住本立一切法”和“从无明为本立一切法”对十种三法作逆顺两番生起的解释。“从无住本立一切法”的顺次序解释为：“三德者名秘密藏，秘密藏显由于三宝，三宝由三涅槃，三涅槃由三身，三身由三大乘，三大乘由三菩提，三菩提由三般若，三般若由三佛性，三佛性由三识，三识由三道。”这是从法性立一切法。“从无明为本立一切法”逆次序解释为：“一切众生无不具于十二因缘，三道迷惑、翻惑生解即成三识，从识立因即成三佛性，从因起智即成三般若，从智起行即成三菩提，从行进趣即成三大乘，乘办智德即成三身，身办断德即成三涅槃，涅槃办恩德利物即成三宝，究竟寂灭入于三德，即成秘密藏。”这样，“金光明”的含义就大大扩展了。所谓“法性无量甚深，理无不统。…当知（金光明）三字遍譬一切横法门，乃称法性无量之说；遍譬一切竖法门，乃称法性甚深之旨。”智者大师以为上述“金光明”三义遍于十八品之中，可谓是把“金光明”的玄义发挥到了极致。

三　本经的结构和主要内容

四卷本《金光明经》的科判诸家不同：

三论宗吉藏大师《金光明经疏》采用真谛观点，认为第一《序品》是序分，第二从《寿量品》讫《舍身品》是正宗分，第三《赞佛品》、《嘱累品》二品是流通分。

智者大师《金光明经文句》（以下简称《文句》）的科判为：

从“如是我闻”至《寿量品》中讫天龙集信相菩萨室为序分，从“尔时四佛”下讫《空品》为正宗分，从《四天王品》下讫经末为流通分。

但智者大师的科判主要依据比较简略的谶译本，经初没有会众介绍，如果对照净译本来看，可以以《序品》为序分，《寿量品》至《空品》四品为正宗分，《四天王品》下十四品为流通分。正宗分四品中，初一品《寿量品》明果，次二品《忏悔品》、《赞叹品》明行，后一品《空品》明境理。又依《文句》观点，以法性为体，以菩萨深妙功德为宗，以照曜诸天、心生欢喜为用。

关于各品内容，见各品译文前的提要，此不赘言。

四 《金光明经》的大乘思想

对于本经的大乘思想，提出以下几条来介绍：

1.《金光明经》的佛寿量思想。本经重点宣说的大乘思想是关于佛寿和法身法性之体的讨论，经言蕴含着诸佛的甚深微妙法义，这是本经要旨，也是历代注家发挥本经玄义所在。这个问题在经中是由王舍城的信相菩萨对佛寿命仅八十的疑惑，引出四方四佛集会解说佛寿之无量。但这个问题在谶译四卷本中以比喻的形式简略论说，仅说了佛寿无量的结论，后世注家由此引发对于佛之法报化三身及涅槃问题的讨论，往往需要结合合本、净本中的《寿量品》、《三身分别品》来发挥玄义。又从经言佛寿八十来看，本经应是在距佛陀入涅槃比较近的时间讲说的，与《法华经》、《涅槃经》的讲说属于同期，因此历代注家对这个问题的解释也往往与二经有相通之处。

2.《金光明经》的忏悔思想及金光明忏法。本经宣说的金光明忏悔法是大乘佛法中重要的忏悔思想，以比喻的形式讲说法身之理及修法身之因，使得忏悔法成为修道门中的重要内容，对于天台宗忏法的形成有着重要影响。所谓"忏悔"，《文句》解释为去恶为善、改往修来等。金光明忏悔法以法性为本，善恶因果为行，具有了作法、取相、观无生三类忏法。所谓作法忏，即通过一定的仪轨作法来忏悔；取相忏是通过忏悔后所见到的好相来决定罪业是否忏净，如梦到佛菩萨摩顶等相；观无生忏悔又名无罪相忏悔，指安住于甚深法性之中，观罪性本空。如《观普贤菩萨行法经》中云"端坐念实相，众罪如霜露，慧日能消除"[①]，这是最究竟的忏悔法。同时，金光明忏悔法又包含忏悔、赞叹劝请、随喜、回向、发愿五门忏悔的内容，十分完整。在忏悔的内容中，依身口意十业而忏除业障、报障、烦恼障三障，遮断过去、现在、未来所造之罪。如经中说"过去诸恶，今悉忏悔。现在所作，诚心发露。所未作者，更不敢作。已作之业，不敢覆藏"，对于要遮断的罪业内容分析得很全面。智者大师据此作了《金光明忏法》，这是他所撰的四部忏法之一（其它三部是《法华三昧忏仪》、《方等三昧忏法》、《请观世音忏法》），为天台宗学人所修习，是修学天台止观的重要内容。据《续高僧传》卷十七记载，智𫖮在晚年曾为杨广的重病妃子萧氏行过七日金光明忏法。到了宋代，天台宗遵式著《金光明经忏法补助仪》一卷，补足了《金光明忏法》所省略的内容，知礼根据义净译本著《金

① 《金光明经文句》卷三《释忏悔品》，《大正藏》第39册，第59页。

光明最胜忏仪》一卷，完善了天台宗的金光明忏法。遵式更制作《金光明天王护国道场仪》，以《金光明经》思想为国行忏。

3.《金光明经》的天王护国思想。 虽然以前的大德在注疏本经的时候，多把解释重点放在了正宗分的法身涅槃之体上，但本经能够被广泛持诵，作为大乘菩萨行的护国思想是更为重要的因素。《金光明经》能够在所有大乘流行的地区都受到广泛的崇拜信仰，得益于其“护国”主题。《金光明经》中说凡流传宣讲本经的国土都将得到诸天拥护，可使国家饥馑、疾疫、战乱等一切不吉祥事消除，国土丰饶安稳，人民幸福安乐，因而历代以来本经被视为护国利民、灭罪积福的护国之经。在镇护国家的三经中（《法华经》、《仁王经》、《金光明经》），《金光明经》是最主要的。而《金光明经》成为护国经典的依据，是经中《四天王品》、《大辩天神品》、《功德天品》、《坚牢地神品》、《散脂鬼神品》等五品所宣说的受持读诵宣讲《金光明经》能够得到四大天王及诸天鬼神大将的卫护，灭除一切灾难和忧患，带来国安民乐。这反映了大乘佛教发展中菩萨思想的扩展，把许多天龙鬼神王等也都视为是不同修证层次的菩萨化身，是法身大士的权现护教，所谓外现诸天鬼王身，内密大乘菩萨行，这种菩萨思想成为后来大乘中的流行观点。这种宽泛而圆融的菩萨观化解了佛教精致的禅观哲学与现实宗教世界中种种神灵体系之间的矛盾，把佛教以外其它宗教的各种神灵都作为佛教的护法纳入到佛教的体系中来。今天佛教寺院大殿中所塑的十六天、二十天、或二十四天像等，其来源依据即是《金光明经》中所列的大梵天、帝释天、护世四天王、大辩天、功德天、散脂大将、坚牢地神、菩

提树神、鬼子母、摩醯首罗天、金刚密迹、韦陀天、娑竭罗龙王、紧那罗王、日天、月天、阎摩罗王等，又增加了他经所载的摩利支天以及中国本土道教的紫微大帝、东岳大帝、雷神等。宋代以来寺院通行的《斋天仪轨》、《水陆仪轨》中的诸天供设也主要依据《金光明经》，而《金光明忏法》的内容也逐渐为斋天仪式所取代。

4.《金光明经》的菩萨行思想。本经所述的大乘菩萨行思想中，对于国家社会治理及人民安乐有着深切的现实关怀，因此，可以视此经为佛教中的“内圣外王”之道。其菩萨行的立足点是因地的凡夫菩萨愿行，具有一种重视当下现实行动的意味。本经反映菩萨行最为突出的是《除病品》、《流水长者子品》和《舍身品》三个释迦牟尼佛的本生故事。故事内容叙述得生动曲折，极富文学感染力，而所阐释的主旨则是大乘菩萨行中济度众生苦难的实际行动。在《除病品》中讲述了流水长者子学习医法、救治众生疾苦的实际行动；在《流水长者子品》中则细致描述了流水长者子救度十千鱼的实际行动，在这个过程中丝毫没有大乘经论中经常出现的不可思议神迹内容，而就是通过流水长者子父子三人以凡夫力量得以达成，这显示本经所宣说的大乘菩萨行立足于发心济度众生的真切行愿，特别重视以现实行动解除众生当下的苦难、获得当下的安乐，具有法药与世药并施的大乘思想。《舍身品》则讲述了萨埵王子舍身饲虎的故事，突出表达了大乘菩萨行舍己为人的献身精神，也体现了大乘菩萨行中为求一切种智、以大悲心救度众生而捐舍身命、为法忘躯的勇猛精神。这一段故事在大乘佛教中极为著名，与《法华经药王菩

萨本事品》中药王菩萨燃身供佛和《大涅槃经》卷十四中雪山童子为求半偈而舍身给罗刹的故事齐名。本经所讲述的释迦牟尼本生故事，无论是流水长者子的治病救生行愿，还是萨埵王子舍身饲虎的感人故事，都深切反映出大乘菩萨行舍己为人、与人安乐的真实情怀，拉近了佛教与世界上每一个芸芸众生的距离。本生故事的文字是每个人都可以读得懂的，所流露出的关爱生命的情怀也是每个人都可以体会到的，这正反映出宗教精神的内涵其实正是每一个个体生命深处所蕴含的至真至善情怀。由于《流水长者子品》救度水池中十千鱼的故事，导致了汉传佛教中放生池的兴起，同时，现在通行的《放生仪轨》也是依据本经《流水长者子品》之意而编撰。

此外，还要特别提出的是本经的速疾成佛思想以及佛寿量、授记等思想，与同样被称为“诸经之王”的《法华经》中相关品目颇多相近之处。又本经与新近从敦煌文献和房山石经中发现还原的《大通方广忏悔灭罪庄严成佛经》（又称《圣大解脱经》）更为密切相关，两经堪称是“姊妹经”。《圣大解脱经》也是在佛入涅槃之前宣说的，主题也是“忏悔灭罪”，其忏悔思想重点在修行者个人忏悔业障，在于速疾成佛，而《金光明经》的忏悔思想重点则在为国行忏。又《圣大解脱经》中的主要提问者也是信相菩萨，也讲到了流水长者子救十千鱼的故事，数段经文与《金光明经》相同；经中的三宝常住思想、菩萨行思想、授记思想，也与《金光明经》相近。因此，《金光明经》与《圣大解脱经》、《法华经》三经思想相关，值得对比研究。

五　关于白话译注

本白话译注采用的经文底本是《大正藏》本，又参考了《中华大藏经》本（中华书局版第67册，底本为明永乐南藏本）、《金版高丽大藏经》中的《合部金光明经》（宗教文化出版社、全国图书馆文献微缩复制中心版第18册）。校勘一个文本大为不易，标点也大为不易，非亲身经历者难以体会其中三昧。标点的主要依据是《金光明经文句》科判，也参考了慧沼《金光明最胜王经疏》科判及金陵刻经处点校的《藏要》合部本。

本白话译文的翻译原则是尽可能忠实表达原文，极少数句子参考义净译文而增补了一些修饰句。

把文言佛经转译为现代汉语白话文，笔者以为有两种思路：一是把白话本看作是对原文的解释性翻译，尽可能在文义上使原文清楚明白；二是把白话本也看作一种独立的译本，只是为了随顺读者的阅读习惯而把文言转为白话，并不刻意追求把原文文义说得更清楚一些，故在文句、文义、文气上都尽可能与原文一致，保持一个简洁优美的文本。两种翻译形式各有千秋，但从可操作性角度说，笔者颇为倾向于后一种。佛经之难读，难处未必是在文字上，所谓“言语道断，心行处灭”，离言妙谛自有他超越言语的难会之处。因此，此次正文翻译的重点不是给经文作解释，而是把文言的语言习惯转换为白话的语言习惯，为读者提供一个能够读懂字面意思的白话版本，而经义解释则重点放在注释和题解中。

对于偈颂，原文皆为四言，此次白话翻译或译为七言，或译为五言。之所以没有译为白话诗歌体，主要考虑在偈颂表达上，汉语的五言七言诗歌体具有规整成熟的优点，而白话诗歌体在表达上不如五言七言成熟，难度反而比五言七言更大。偈颂翻译也对照了科判，因此大多数偈颂的译后数目与原偈颂数目一致，也基本上与《文句》科判相符合，不一致的地方都在注释中给予了说明。

又字词注释主要参考了电子版《中华佛教百科全书》、《佛光大词典》、《佛学大词典》等，注音主要参考了《汉语大词典》、《辞海》、《一切经音义》等，有关参考文献见书末，在此一并致谢。

2009年春节前，笔者偶然得到了一本印刷精美的《金光明经》，因母亲视力有些不好，便将此经供放在母亲佛堂上，希望她的眼睛更为光明。可喜的是2009年年底，笔者又得到了《金光明经》白话译注的因缘，前述的愿望也随之放大了，希望我们每个人的眼睛和心灵都变得更加光明，进而也希望这个世界变得更加光明！

目　录

卷　一

卷　二

卷　三

卷　四

卷　一

序品第一

佛经解释通常分成三个部分：序分、正宗分、流通分，称为“三分科经”。初段叙一经之由来、教起因缘，称为序分；次段论一经之宗旨，称正宗分；末段说受持本经的利益，复劝广为流传，称流通分。此处序品即属于序分，是一经的序说。其中，“如是我闻”称为证信序，“一时”以下是发起序。谶译四卷本会众介绍极略，只在《寿量品》中略为叙说，净译本序品中则全面叙述了听闻佛陀宣说本经的会众。本经序品开宗明义，标举《金光明经》为诸经之王，并在偈颂中提叙一经大意：首先提出本经蕴含诸佛甚深微妙义（如前述“金光明”三字玄义，以及《寿量》、《忏悔》、《赞叹》、《空品》所讨论的佛寿量及法身法性问题），为四方四佛所护持；接着标出本经正宗分的重点，金光明忏悔法的功德，以上对应《寿量品》至《空品》等四品；其次叙说听闻读诵本经将得到护世四天王及诸天神的护卫，使得人民、国土的一切诸苦灭除，得到无量安乐，即明确了本经的护世功德，对应《四天王品》至《散脂鬼神品》等五品；最后复劝听闻、供养本经之功德利益，以及深乐此经的善业果报，对应《正论品》至《赞佛品》等八品。

如是我闻[①]，一时佛住王舍大城耆阇崛山[②]。是时

如来游于无量甚深法性[③]，诸佛行处[④]，过诸菩萨所行清净。

是金光明，诸经之王，若有闻者，则能思惟，
无上微妙，甚深之义。
如是经典，常为四方，四佛世尊[⑤]，之所护持：
东方阿闳，南方宝相，西无量寿，北微妙声。
我今当说，忏悔等法[⑥]，所生功德，为无有上，
能坏诸苦，尽不善业，一切种智[⑦]，而为根本，
无量功德，之所庄严，灭除诸苦，与无量乐。
诸根不具[⑧]，寿命损减，贫穷困苦，诸天舍离，
亲厚斗讼，王法所加，各各忿诤，财物损耗，
愁忧恐怖，恶星灾异[⑨]，众邪蛊道[⑩]，变怪相续[⑪]，
卧见恶梦，昼则愁恼。
当净洗浴，听是经典，至心清净，着净洁衣，
专听诸佛，甚深行处；是经威德，能悉消除，
如是诸恶，令其寂灭。
护世四王[⑫]，将诸官属，并及无量，夜叉之众[⑬]，
悉来拥护，持是经者；大辩天神，尼连河神[⑭]，
鬼子母神，地神坚牢，大梵尊天，三十三天，
大神龙王，紧那罗王，迦楼罗王，阿修罗王，
与其眷属，悉共至彼，拥护是人，昼夜不离。
我今所说，诸佛世尊，甚深秘密，微妙行处，
亿百千劫[⑮]，甚难得值。

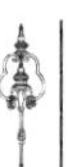

若得闻经，若为他说，
若心随喜[16]，若设供养[17]，如是之人，于无量劫，
常为诸天，八部所敬[18]。
如是修行，生功德者[19]，得不思议，无量福聚，
亦为十方，诸佛世尊，深行菩萨，之所护持。
着净衣服，以上妙香，慈心供养，常不远离；
身意清净，无诸垢秽，欢喜悦豫，深乐是典。
若得听闻，当知善得，人身人道，及以正命[20]；
若闻忏悔，执持在心，是上善根，诸佛所赞。

注释：

①如是我闻：意为如此的教法是我阿难亲自从佛陀那里听闻的，这是为了使听法的人生起信顺。据佛教经论上记载，释迦牟尼佛将要入灭的时候，阿难请问四事："一佛灭度后，诸比丘云何行道？二诸比丘以何为师？三恶性比丘云何共居？四一切经首置何字？"佛回答说："一依四念处住。二以戒为师。三默摈恶性比丘。四一切经首置'如是我闻'等言。"

②一时：指佛说法的那时，非确指。王舍大城：古代中印度摩羯陀国之都城。位于恒河中游巴特那市（Patna）南侧比哈尔（Behar）地方之拉查基尔（Rajgir）。为频婆娑罗王、阿阇世王、韦提希夫人等在位时的都城。此城为佛陀传教中心地之一，城内有许多初期佛教的遗迹，如灵鹫山、竹林精舍及祇园精舍等。耆（qí）阇（shé）崛（jué）山：又译"阇崛"，义译为"灵鹫山"、"鹫峰山"，简称"灵山"、"灵岳"、"鹫峰"等。因山上岩形似鹫

头，又以山中多鹫，故得名。位于中印度摩揭陀国王舍城东北。释迦牟尼佛曾于此讲《般若》、《法华》、《金光明》、《无量寿》等诸多大乘经，遂成为佛教胜地。

③如来：梵语 tathagata，音译作“多陀阿伽陀”、“多他阿伽度”、“多陀阿伽度”等。又作“如去”。为佛十号之一。即佛之尊称。由真理而来（如实而来），而成正觉之义，故称“如来”。佛陀即乘真理而来，由真如而现身，故尊称佛陀为“如来”。《长阿含经》卷十二《清净经》：“佛于初夜成最正觉及末后夜，于其中间有所言说尽皆如实，故名如来。复次，如来所说如事，事如所说，故名如来。”游于无量甚深法性：游，意为游涉进入。法性指诸法之真实体性，甚深法界，非入住出，无所从来，亦无所去；如同《法华经》说“善入出住百千三昧”。根据经末《嘱累品》中说“尔时释迦牟尼佛从三昧起”来看，这里应是指佛陀入定进入甚深三昧之意。

④诸佛行处：指佛的智慧光明境界。

⑤四方四佛：即指位于四方不同世界的四佛。即东方香积世界阿闳佛，南方欢喜世界宝相佛，西方极乐世界无量寿佛，北方莲华庄严世界微妙声佛。又阿闳(chù)佛：义为“无动”或“不动佛”。《维摩经·阿闳佛品》中说“国名妙喜，佛号无动”。

⑥忏悔等法：《金光明经》正宗分中行分所叙说的主要法门是忏悔法，即《忏悔品》中梦见金鼓演说忏悔法，这是成就法身之因行。

⑦一切种智：即佛智，佛尽知诸法总相、别相，所以称为“一切种智”。

⑧诸根：指眼、耳、鼻、舌、身等五根。诸根不具是指五根有所缺陷，如盲聋喑哑、挛躄背偻等。按，从“诸根不具”以下到“昼则愁恼”，译文为文义顺畅起见，比原文偈颂数目增加了两个。

⑨恶星：古代天人感应观念，以为天空忽然出现的变异星象会预示人间不吉祥事的出现，故称为“恶星”。

⑩蛊（gǔ）道：一种以蛊虫咒术害人的迷信法术。

⑪变怪：指各种奇奇怪怪的事情。

⑫护世四王：关于护世四天王及诸天鬼神的解释，见后面《四天王品》以下诸品。

⑬夜叉：梵语 yaksa，又译作“药叉”，八部众之一。通常与“罗刹”并称。意译“轻捷”、“勇健”、“能啖”、“贵人”、“威德”、“祠祭鬼”、“捷疾鬼”。指住于地上、空中，或以威势恼害人，或守护正法的鬼类；或谓为半人半神的群类。《大智度论》卷十二举出三种种类的夜叉，即地行夜叉、虚空夜叉、宫殿飞行夜叉。经典中常述及身为正法守护神的夜叉。如《药师琉璃光如来本愿经》中有十二药叉大将等。

⑭尼连河神：即尼连河的河神。尼连河，又译作“尼连禅河”、“尼连禅那河”，为恒河之支流，位于中印度摩揭陀国伽耶城之东方，由南向北流。释迦牟尼出家后，于尼连河畔静坐思维，修苦行六年。后舍苦行而入此河沐浴，并接受牧牛女难陀波罗的乳糜供养，至此河对岸的毕波罗树（即菩提树）下发愿而成道，故此河沿岸颇多佛陀成道的古迹。

⑮劫：梵语 kalpa，音译“劫波”等，简称劫。意译“分别时

分”、“长时”、“大时”、“时”。原为古印度婆罗门教极大时限之时间单位。佛教沿用，而视为不可计算之长大年月，故经论中多以譬喻说明。

⑯随喜：随顺欢喜之意，即见他人所作善根功德，随之心生欢喜。佛教理论认为，若有真诚善巧的发心，则随喜者的功德胜于行善者本人。

⑰供养：意指供食物、衣服等予佛法僧三宝、师长、父母、亡者等。初期教团所受供养以衣服、饮食、卧具、汤药等为主，称为“四事供养”。除财供养外，尚有法供养，如以恭敬、赞叹、礼拜以及观行、说法等亦称“供养”。

⑱八部：天龙等八部众。据《舍利弗问经》说有：（一）天众，指梵天、帝释天、四天王等天神。果报殊胜，光明清净。（二）龙众，指八大龙王等水族之主。（三）夜叉众，又名“药叉”，指能飞腾空中的鬼神。（四）乾闼婆众，系帝释天的音乐神，以香为食。（五）阿修罗众，意译作“非天”、“无端正”、“无酒”。此神性好斗，常与帝释战。（六）迦楼罗众，又名“揭路荼”，即金翅鸟，身形巨大，其两翅相去数千甚至数万里，取龙为食。（七）紧那罗众，又名“紧捺洛”，似人而有角，故又名“人非人”，乃是天伎神、歌神。（八）摩睺罗伽众，又名“莫呼落伽”，即大蟒神。此八部众受佛威德所化，而护持佛法。八部众中，以天、龙二众为上首，故标举其名，统称天龙八部。

⑲功德：指行善之功所获的福报善果。慧远《维摩义记》卷一中说：“功德者，亦名福德，福谓福利，善能资润福利行人，故名为福。…功谓功能，善有资润利益之功，故名为功。”功德

有“有漏”、“无漏”之分。佛教所谓真功德，指净智妙圆的佛智证悟。

⑳正命：佛学中“八正道”之一，指远离非法而依正当的生活规范之生活。这里指符合道德真理追求的有价值的生活方式。

译文：

如是教言我亲从佛听闻。一时，佛在王舍大城附近的灵鹫山。那时释迦如来安住出入于无量甚深清净法界，这是只有佛才能安住的境界，其清净境界超过一切菩萨所安住的。

此《金光明》诸经王，若有听闻可思维，
无上微妙甚深义。
如来宣说此经典，四方四佛常护持：
东方阿闳佛，南方宝相佛，
西方无量寿佛，北方微妙声佛。
我今当说忏悔法，所生功德无有上，
能灭诸苦除不善，一切种智为根本，
无量功德所庄严，灭除诸苦与安乐。
诸根不具苦众生，寿命也将遭损减，
贫穷困苦恶相现，所有天神悉舍离，
亲友斗讼犯王法，各各乖违共忿诤，
珍宝财物皆耗失。
恶星灾异及变怪，或被邪蛊相续侵，
忧愁恐怖众苦逼，夜眠恶梦昼烦恼。

当净洗浴着净衣，至心清净听此经，
闻听诸佛甚深行；由此妙经王威力，
灾横恶恼悉灭除。
护世四王诸眷属，并及无量夜叉众，
悉来拥护持经者。
大辩天神尼连神，鬼子母神及地神，
大梵天王帝释主，大神龙王紧那罗，
以及金翅鸟王众，还有阿修罗天众；
如是众多天神等，并率部众诸眷属，
拥护是人不相离。
我今所说佛世尊，甚深秘密微妙行，
百千亿劫难值遇。
若得听闻是妙经，随喜供养为他说，
如是持经诸人等，常为诸天所敬护。
如是修行生功德，得不思议无量福，
亦为十方诸佛尊，深行菩萨所护持。
着净衣服燃妙香，慈心供养不远离；
身意清净无垢秽，欢喜悦豫乐此经。
若得听闻将善得，人身人道及正命；
闻忏悔法持在心，是上善根诸佛赞。

寿量品第二

此品是明果，明本经以常果为宗。由王舍城的信相菩萨对佛寿命仅八十的疑惑，引出四方四佛集会解说佛的寿命是无量无边，不可计算。论说佛之寿量以及法身法性之体，这是本经要旨，是本经所论诸佛甚深微妙义所在，也是历代注家发挥本经玄义所在。但这个问题在谶译四卷本中以比喻的形式简略论说，文字简短，与《法华经·寿量品》所说相通。由此引发的对于佛之法报化三身及涅槃问题的讨论，在合本、净本中则有《寿量品》、《三身分别品》两品详为论说。又从本品言佛寿八十可以推知，本经当在距佛陀入涅槃比较近的时间讲说，与《法华经》、《涅槃经》的讲说应属同期，也因此之故，本经的玄义解释往往与二经有相通之处。

尔时王舍城中有菩萨摩诃萨名曰信相[①]，已曾供养过去无量亿那由他百千诸佛[②]，种诸善根[③]。是信相菩萨作是思惟：何因何缘，释迦如来寿命短促，方八十年。复更念言：如佛所说，有二因缘寿命得长。何等为二？一者不杀，二者施食。而我世尊于无量百千亿那由他阿僧祇劫[④]，修不杀戒，具足十善[⑤]，饮食惠施，不可限量，乃至己身骨髓肉血，充足饱满饥饿众生，况余饮食。大士如是至心念佛、思是义时[⑥]，其室自然

广博严事。天绀琉璃[7]，种种众宝，杂厕间错，以成其地，犹如如来，所居净土。有妙香气，过诸天香，烟云垂布，遍满其室。其室四面，各有四宝上妙高座，自然而出，纯以天衣而为敷具[8]。是妙座上，各有诸佛，所受用华，众宝合成。于莲华上，有四如来：东方名阿闳，南方名宝相，西方名无量寿，北方名微妙声。是四如来自然而坐师子座上，放大光明照王舍城，及此三千大千世界[9]，乃至十方恒河沙等诸佛世界[10]，雨诸天华，作天伎乐。尔时三千大千世界所有众生，以佛神力，受天快乐，诸根不具即得具足[11]。举要言之，一切世间所有利益、未曾有事，悉具出现。尔时信相菩萨见是诸佛及希有事，欢喜踊跃，恭敬合掌，向诸世尊，至心念佛，作是思惟：释迦如来无量功德，唯寿命中心生疑惑，云何如来寿命如是方八十年？尔时四佛以正遍知告信相菩萨[12]："善男子，汝今不应思量如来寿命短促。何以故？善男子，我等不见诸天、世人、魔众、梵众、沙门、婆罗门、人及非人有能思算如来寿量[13]，知其齐限，唯除如来。"时四如来将欲宣畅释迦文佛所得寿命，欲、色界天诸龙、鬼神、乾闼婆、阿修罗、迦楼罗、紧那罗、摩睺罗伽及无量百千亿那由他菩萨摩诃萨[14]，以佛神力，悉来聚集信相菩萨摩诃萨室。尔时四佛于大众中，略以偈喻说释迦如来所得寿量，而作颂曰：

一切诸水，可知几滴，无有能数，释尊寿命。
诸须弥山⑮，可知斤两，无有能量，释尊寿命。
一切大地，可知尘数，无有能算，释尊寿命。
虚空分界，尚可尽边，无有能计，释尊寿命。
不可计劫，亿百千万，佛寿如是，无量无边，
以是因缘，故说二缘，不害物命，施食无量，
是故大士，寿不可计，无量无边，亦无齐限。
是故汝今，不应于佛，无量寿命，而生疑惑。

尔时信相菩萨摩诃萨闻是四佛宣说如来寿命无量，深心信解，欢喜踊跃。说是如来寿量品时，无量无边阿僧祇众生发阿耨多罗三藐三菩提心⑯。时四如来忽然不现。

注释：

①菩萨摩诃萨：菩萨，梵文音译“菩提萨埵”的略称，新译为“觉有情”。菩提，觉、智、道之意；萨埵，众生、有情之义，意即求大觉的有情众生。摩诃萨，梵文音译“摩诃萨埵”的略称。摩诃，意译作大；萨埵同上。摩诃萨埵即大有情、大众生。谓此大众生系愿大、行大、度众生大，于世间诸众生中为最上，不退其大心，故称摩诃萨埵。一般以菩萨摩诃萨指称登地菩萨，也称为大士。

②那由他：梵文 Nayuta，又作“那庾多”等，印度的数目名，相当于此方的亿，但诸师所定数目多有不同，有十万、百万、千

万等。

③善根：指能够出生善法的种子、根苗、根本。

④阿僧祇（qí）劫：阿僧祇，梵语 Asaṃkhya 的音译，为印度数目之一，无量数或极大数之意。

⑤十善：又称“十善业”。身口意三业中所行的十种善行为：三种身善业（不杀生、不偷盗、不邪淫）、四种语善业（不妄语、不恶口、不两舌、不绮语）及三种意善业（不贪欲、不嗔恚、不邪见）。

⑥大士：菩萨可以通称大士，然特别指称登地以上的菩萨摩诃萨。

⑦绀（gàn）琉璃：绀，天青色，深青透红之色。琉璃，七宝之一，青色的石类宝。

⑧天衣：天人之衣，重量甚轻。

⑨三千大千世界：古印度以四大洲及日月诸天为一“小世界”，合一千小世界为“小千世界”；合一千小千世界为“中千世界”；合一千中千世界为“大千世界”。小千、中千、大千并提，则称“三千大千世界”。

⑩十方：四方、四维、上下的总称。即东、西、南、北、东南、西南、东北、西北、上、下等十个方位。大乘佛教主张十方有无数世界及净土，称为十方世界、十方刹等。其中的诸佛众生则称为十方诸佛、十方众生。恒河沙：恒河，印度三大河流之一。恒河沙即恒河中的沙粒，其量无法计算。诸经中凡形容无法计算之数，多以“恒河沙”一词为喻。

⑪诸根不具即得具足：此处译文根据义净译本增添译出了

六根不具之人恢复正常的具体情况。“瞎子重见了光明……乱心癫狂的人恢复了神志等等”一句，即据义净译本添入。

⑫正遍知：梵语“三藐三菩提”（samyak-sambodhi）的意译，又译为“正遍觉知”、“正等正觉”，为佛十号之一。谓佛能真正无倒遍知诸法。《瑜伽师地论》谓“如其胜义觉诸法故，名正等觉”，则是显诸佛智德圆满以立号。

⑬梵众：指一类非沙门、非婆罗门的古印度修行众。沙门：梵语 sramana，音译“室罗末拏”、“舍啰摩拏”等。又作“沙门那”、“娑门”、“桑门”等。意译“息”、“息心”、“静志”、“净志”、“乏道”、“勤劳”、“贫道”等。为出家者之总称，通于内、外二道。亦即指剃除须发，止息诸恶，善调身心，勤行诸善，期以行趣涅槃之出家修道者。婆罗门：印度四种姓中，最上位的僧侣、学者阶级，为古印度一切知识之垄断者，自认为印度社会之最胜种姓。

⑭诸龙、鬼神、乾闼婆、阿修罗、迦楼罗、紧那罗、摩睺罗伽：见前面“八部”注释。

⑮须弥山：梵语 Sumeru 的音译，又作“苏迷卢山”、“须弥卢山”、“须弥留山”，意译作“妙高山”。佛教之宇宙观，谓耸立于一小世界中央之高山。以此山为中心，周围有八山、八海环绕，四面是四大部洲，日月旋绕于须弥山的山腰，而形成一世界（须弥世界）。以须弥山为山中最高者，故又称“妙高山王”。

⑯阿耨（nòu）多罗三藐（miǎo）三菩提：梵语 anuttara-samyak-sambodhi 之音译，意译“无上正等正觉”、“无上正遍知”。“阿耨多罗”意译为“无上”，以所悟之道为至高，故称无

上;“三藐三菩提”意译为“正等正觉”、“正遍知”,指佛陀所觉悟之智慧,其道周遍,无所不包,平等圆满,故称“正遍知”。

译文:

那时,王舍城中有一位菩萨摩诃萨名叫信相,已曾供养了过去无量亿那由他百千数量的佛,种下了种种善根。信相菩萨这时思量:是什么因缘,释迦如来寿命短促,才八十年。又思维:如同佛所说的,有两种因缘能得寿命长久。哪两种呢?一者不杀生,二者布施饮食。而我们的世尊,在无量百千亿那由他阿僧祇劫中受持不杀戒,具足了十善;惠施饮食也不可限量,乃至以自己的身体、骨髓、血肉来布施那些饥饿的众生,让他们充足饱满,何况以其它的妙好饮食来布施。信相大士这样至心忆念佛、思维此义的时候,他的宫室忽然变得广博严丽,有帝青琉璃宝及各式各样的珍宝,杂色间错,装饰其地。有妙香气,芬馥充满,超过天香。烟云弥漫,布满其室。其室四面,各有四宝所成的上妙高座自然出现,纯以天衣敷设在上面。妙高座上坐着诸佛,所坐的妙莲花由种种珍宝合成。莲花上有四位如来:东方阿閦如来、南方宝相如来、西方无量寿如来、北方微妙声如来。这四如来自然出现,坐在狮子座上,放大光明照耀王舍城,以及三千大千世界,乃至十方恒河沙数量的诸佛世界。天花缤纷飘下,天乐歌舞响起。那时三千大千世界的所有众生,因为佛神力的缘故,都得到了如天人般的胜妙快乐。六根不具足的当时就得到具足,瞎子重见了光明,聋子听到了声音,哑巴开口说话了,愚昧的人具有了智慧,乱心癫狂的人恢复了神志等

等。举要来说，一切世间的所有利益、未曾有过的奇妙事，都出现了。那时，信相菩萨见到四位如来及稀有奇妙事，欢喜踊跃，向四位如来恭敬合掌，至心忆念；同时思维，释迦牟尼如来具有无量功德，然佛之寿命令人心中疑惑，为何释迦如来以无量功德，寿命才八十年？这时四位如来以佛的正遍知告诉信相菩萨说："善男子，你不应该思维释迦如来的寿命短促。为什么呢？善男子，我等从未见过一切天众、人众、魔众、梵众、沙门众、婆罗门众以及人与非人等众生，有能算知释迦如来寿命数量，知道他寿命极限的，除非是已得无上正遍知的如来。"这时，四如来将要畅说释迦牟尼佛所得的寿命，欲界天、色界天的众生，种种龙众、鬼神众、乾闼婆众、阿修罗众、迦楼罗众、紧那罗众、摩睺罗伽众，以及无量百千亿那由他的大菩萨，在佛的神力加持下都来聚集于信相菩萨的宫室中。这时，四如来在大众中宣说偈颂，以种种比喻解说释迦牟尼如来所得的寿命数量。作偈颂说：

一切诸海水，可知其水滴，
无有能数知，释尊之寿命。
所有须弥山，可知其斤两，
无有能称量，释尊之寿命。
一切大地土，可知其尘数，
无有能算知，释尊之寿命。
虚空划分界，尚可尽其边，
无有能计度，释尊之寿命。
不可计算劫，百千到万亿，

佛寿亦如是，无量亦无边，
如此之因缘，故说二种缘：
不杀害物命，施食复无量，
是故释迦尊，寿命不可计，
无量而无边，亦复无齐限。
信相你当知，不应于世尊，
无量之寿命，而生疑惑念！

那时，信相菩萨听了四位如来宣说释迦牟尼佛的寿命无量之后，深心信解，欢喜踊跃。在说此《如来寿量品》的时候，无量无边阿僧祇的众生，发起了阿耨多罗三藐三菩提心。这时，四如来倏忽不见了。

忏悔品第三

《寿量品》明法身常住，即是明果；《忏悔品》则明修道，即是因行。故《忏悔品》及下一品《赞叹品》明行，是本经正宗分中的重点。信相菩萨夜梦一婆罗门以枹击大金鼓，出微妙声，此金鼓妙音具有不可思议的功德力，能灭种种恶业，生起种种善法，并说金鼓忏悔法。依《金光明经文句》解释，“金鼓光明”喻法身法性，般若妙智；“婆罗门”喻净行；“以枹击鼓”喻观智之机，扣击法身之境；“出微妙声”喻法界大用，起教利益众生。这是以比喻的形式论说法身之理及修法身之因，而所宣说的忏悔法则是大乘中的重要忏悔思想。本品金鼓所说忏悔法以法性为本，善恶因果为行，具有了作法、取相、观无生三类忏法，包含了忏悔、赞叹劝请、随喜、回向、发愿五门忏悔的内容，十分完整。在忏悔的内容中，忏除业障、报障、烦恼障三障，遮断过去、现在、未来所造之罪，对于要遮断的罪业内容分析得很全面。由此灭十恶，生十善，转证三身佛果。本品的别译《五悔法门经》是西土行人昼夜六时行道的通轨[①]。天台宗智者大师依本经作《金光明忏法》行仪，为天台宗四种忏法之一。在合本、净本中，此后又有《最净地陀罗尼品》，说十地行。

尔时信相菩萨即于其夜梦见金鼓，其状姝大[②]，其明普照，喻如日光。复于光中得见十方无量无边诸佛世尊，众宝树下坐琉璃座，与无量百千眷属围绕而为说法。见有一人，似婆罗门，以桴击鼓[③]，出大音声，其声演说，忏悔偈颂。时信相菩萨从梦寤已[④]，至心忆念梦中所闻忏悔偈颂，过夜至旦，出王舍城。尔时，亦有无量无边百千众生与菩萨俱往耆阇崛山，至于佛所。至佛所已，顶礼佛足，右绕三匝[⑤]，却坐一面，敬心合掌，瞻仰尊颜，目不暂舍，以其梦中所见金鼓及忏悔偈，向如来说：

昨夜所梦，至心忆持。
梦见金鼓，妙色晃耀，其光大盛，明逾于日，
遍照十方，恒沙世界。
又因此光，得见诸佛，众宝树下，坐琉璃座，
无量大众，围绕说法。
见婆罗门，击是金鼓，其鼓音中，说如是偈：
是大金鼓，所出妙音，悉能灭除，三世诸苦[⑥]，
地狱饿鬼、畜生等苦，贫穷困厄、及诸有苦[⑦]。
是鼓所出，微妙之音，能除众生，诸恼所逼。
断众怖畏，令得无惧，犹如诸佛，得无所畏；
诸佛圣人，所成功德，离于生死，到大智岸[⑧]；
如是众生，所得功德，定及助道[⑨]，犹如大海。
是鼓所出，如是妙音，令众生得，梵音深远[⑩]，
证佛无上，菩提胜果[⑪]；转无上轮[⑫]，微妙清净，

住寿无量，不思议劫；演说正法，利益众生，
能害烦恼，消除诸苦，贪嗔痴等，悉令寂灭。
若有众生，处在地狱，大火炽然，烧炙其身，
若闻金鼓，微妙音声，所出言教，即寻礼佛；
亦令众生，得知宿命[13]，百生千生，千万亿生；
令心正念，诸佛世尊，亦闻无上，微妙之言。
是金鼓中，所出妙音，复令众生，值遇诸佛，
远离一切，诸恶业等，善修无量，白净之业[14]。
诸天世人，及余众生，随其所思，诸所愿求，
如是金鼓，所出之音，皆悉能令，成就具足。
若有众生，堕大地狱[15]，猛火炎炽，焚烧其身，
无有救护，流转诸难，当令是等，悉灭诸苦；
若有众生，诸苦所切，三恶道报[16]，及以人中，
如是金鼓，所出之音，悉能灭除。
一切诸苦，无依无归，无有救护，
我为是等，作归依处。
是诸世尊，今当证知，久已于我，生大悲心。
在在处处，十方诸佛，现在世雄，两足之尊[17]，
我本所作，恶不善业，今者忏悔，诸十力前[18]。
不识诸佛，及父母恩，不解善法，造作众恶；
自恃种姓[19]，及诸财宝，盛年放逸，作诸恶行；
心念不善，口作恶业，随心所作，不见其过；
凡夫愚行，无知暗覆，亲近恶友，烦恼乱心；

五欲因缘[20]，心生忿恚[21]，不知厌足，故作众恶；

亲近非圣，因生悭嫉，贫穷因缘，奸谄作恶；
系属于他，常有怖畏，不得自在，而造诸恶；
贪欲恚痴，扰动其心，渴爱所逼，造作众恶；
依因衣食，及以女色，诸结恼热，造作众恶。
身口意恶，所集三业，如是众罪，今悉忏悔；
或不恭敬，佛法圣众，如是众罪，今悉忏悔；
或不恭敬，缘觉菩萨，如是众罪，今悉忏悔；
以无智故，诽谤正法，不知恭敬，父母尊长，
如是众罪，今悉忏悔；愚惑所覆，骄慢放逸，
因贪恚痴，造作诸恶，如是众罪，今悉忏悔。
我今供养，无量无边，三千大千，世界诸佛；
我当拔济，十方一切，无量众生，所有诸苦；
我当安止，不可思议，阿僧祇众，令住十地[22]，
已得安止，住十地者，悉令具足，如来正觉。
为一众生，亿劫修行，使无量众，令度苦海。
我当为是，诸众生等，演说微妙，甚深悔法，
所谓金光，灭除诸恶。
千劫所作，极重恶业，若能至心，一忏悔者，
如是众罪，悉皆灭尽。
我今已说，忏悔之法，
是金光明，清净微妙，速能灭除，一切业障。

我当安止，住于十地，十种珍宝，以为脚足[23]，
成佛无上，功德光明，令诸众生，度三有海[24]。
诸佛所有，甚深法藏，不可思议，无量功德，
一切种智，愿悉具足；百千禅定，根力觉道[25]，
不可思议，诸陀罗尼[26]，十力世尊，我当成就。
诸佛世尊，有大慈悲，当证微诚，哀受我悔。
若我百劫，所作众恶，以是因缘，生大忧苦，
贫穷困乏，愁热惊惧，怖畏恶业，心常怯劣，
在在处处，暂无欢乐；十方现在，大悲世尊，
能除众生，一切怖畏，愿当受我，诚心忏悔，
令我恐惧，悉得消除。
我之所有，烦恼业垢，唯愿现在，诸佛世尊，
以大悲水，洗除令净。
过去诸恶，令悉悔过，现所作罪，诚心发露，
所未作者，更不敢作，已作之业，不敢覆藏。
身业三种，口业有四，意三业行，今悉忏悔；
身口所作，及以意思，十种恶业，一切忏悔；
远离十恶，修行十善[27]，安止十住，逮十力尊；
所造恶业，应受恶报，今于佛前，诚心忏悔。
若此国土，及余世界，所有善法，悉以回向[28]；
我所修行，身口意善，愿于来世，证无上道。
若在诸有，六趣险难[29]，愚痴无智，造作众恶，
今于佛前，皆悉忏悔；世间所有，生死险难，

种种淫欲，愚烦恼难，如是诸难，我今忏悔；
心轻躁难，近恶友难，三有险难，及三毒难[30]，
遇无难难，值好时难，修功德难，值佛亦难，
如是诸难，今悉忏悔。
诸佛世尊，我所依止，是故我今，敬礼佛海，
金色晃耀，犹如须弥，是故我今，顶礼最胜。
其色无上，犹如真金，眼目清净，如绀琉璃；
功德威神，名称显著，佛日大悲，灭一切暗。
善净无垢，离诸尘翳[31]，无上佛日，大光普照；
烦恼火炽，令心燋热[32]，唯佛能除，如月清凉；
三十二相，八十种好[33]，庄严其身，视之无厌。
功德巍巍，明网显耀，安住三界[34]，如日照世；
犹如琉璃，净无瑕秽，妙色广大，种种各异，
其色红赤，如日初出，颇梨白银[35]，校饰光网，
如是种种，庄严佛日。
三有之中，生死大海，潦水波荡，恼乱我心，
其味苦毒，最为粗涩，如来网明，能令枯涸。
妙身端严，相好殊特，金色光明，遍照一切，
智慧大海，弥满三界，是故我今，稽首敬礼。
如大海水，其量难知，大地微尘，不可称计，
诸须弥山，难可度量，虚空边际，亦不可得，
诸佛亦尔，功德无量，一切有心，无能知者。
于无量劫，极心思惟，不能得知，佛功德边；

大地诸山，尚可知量，毛滴海水，亦可知数，
诸佛功德，无能知者。
相好庄严，名称赞叹，如是功德，令众皆得。
我以善业，诸因缘故，来世不久，成于佛道，
讲宣妙法，利益众生，度脱一切，无量诸苦，
摧伏诸魔[36]，及其眷属，转于无上，清净法轮，
住寿无量，不思议劫，充足众生，甘露法味。
我当具足，六波罗蜜[37]，犹如过佛，之所成就，
断诸烦恼，除一切苦，悉灭贪欲，及恚痴等；
我当忆念，宿命之事，百生千生，百千亿生，
常当至心，正念诸佛，闻说微妙，无上之法；
我因善业，常值诸佛，远离诸恶，修诸善业。
一切世界，所有众生，无量苦恼，我当悉灭，
若有众生，诸根毁坏，不具足者，悉令具足；
十方世界，所有病苦，羸瘦顿乏[38]，无救护者，
悉令解脱，如是诸苦，还得势力，平复如本；
若犯王法，临当刑戮[39]，无量怖畏，愁忧苦恼，
如是之人，悉令解脱；若受鞭挞[40]，系缚枷锁[41]，
种种苦事，逼切其身，无量百千，愁忧惊畏，
种种恐惧，扰乱其心，如是无边，诸苦恼等，
愿使一切，悉得解脱。
若有众生，饥渴所恼，令得种种，甘美饮食；

盲者得视，聋者得听，痖者能言[42]，裸者得衣，
贫穷之者，即得宝藏，仓库盈溢，无所乏少，
一切皆受，安隐快乐[43]，乃至无有，一人受苦。
众生相视，和颜悦色，形貌端严，人所喜见，
心常思念，他人善事，饮食饱满，功德具足。
随诸众生，之所思念，皆愿令得，种种伎乐，
箜篌筝笛[44]，琴瑟鼓吹，如是种种，微妙音声，
江湖池沼，流泉诸水，金华遍布，及优钵罗[45]；
随诸众生，之所思念，即得种种，衣服饮食，
钱财珍宝，金银琉璃，真珠璧玉，杂厕璎珞[46]。
愿诸众生，不闻恶声，乃至无有，可恶见者；
愿诸众生，色貌微妙，各各相于，共相爱念，
世间所有，资生之具，随其所念，悉令具足。
愿诸众生，诸所求索，如其所须，应念即得，
香华诸树，常于三时[47]，雨细末香，及涂身香[48]，
众生受者，欢喜快乐。
愿诸众生，常得供养，不可思议，十方诸佛，
无上妙法，清净无垢，及诸菩萨，声闻大众[49]。
愿诸众生，常得远离，三恶八难[50]，值无难处，
觐睹诸佛，无上之王。
愿诸众生，常生尊贵，多饶财宝，安隐丰乐，
上妙色像，庄严其身，功德成就，有大名称。

愿诸女人，皆成男子，具足智慧，精勤不懈，
一切皆行，菩萨之道，勤心修习，六波罗蜜，
常见十方，无量诸佛，坐宝树下，琉璃座上，
安住禅定，自在快乐，演说正法，众所乐闻。
若我现在，及过去世，所作恶业，诸有险难，
应得恶果，不适意者，愿悉尽灭，令无有余。
若诸众生，三有系缚，生死罗网，弥密牢固，
愿以智刀，割断破裂，除诸苦恼，早成菩提。
若此阎浮[51]，及余他方，无量世界，所有众生，
所作种种，善妙功德，我今深心，随其欢喜。
我今以此，随喜功德，及身口意，所作善业，
愿于来世，成无上道，得净无垢，吉祥果报。
若有敬礼，赞叹十力，信心清净，无诸疑网，
能作如是，所说忏悔，便得超越，六十劫罪。
诸善男子，及善女人，诸王刹利，婆罗门等，
若有恭敬，合掌向佛，称叹如来，并赞此偈，
在在生处，常识宿命，诸根具足，清净端严，
种种功德，悉皆成就，在在处处，常为国王，
辅相大臣，之所恭敬。

非于一佛，五佛十佛，种诸功德，闻是忏悔，
若于无量，百千万亿，诸佛如来，种诸善根，
然后乃得，闻是忏悔。

注释:

①见《周叔迦佛学论著集》(下集),北京:中华书局,1991年,第1009页。

②姝(shū):美好。

③桴(fú):鼓槌。

④寤(wù):醒来。

⑤匝(zā):周、圈。

⑥三世:指过去世、现在世、未来世。

⑦诸有:众生所作业,因缘果报而有迷界的万象差别。分为三有、四有、七有、九有、二十五有等类,总称诸有。

⑧大智岸:即佛果大智慧的涅槃彼岸。

⑨定及助道:定谓四空定。助道谓三十七道品等。

⑩梵音深远:指梵音相。佛三十二相之一。佛报得清净音声最妙,号为梵音。据《大智度论》卷四载,佛之梵音如大梵天王所出之声,有五种清净之音:(一)甚深如雷。(二)清彻远播,闻而悦乐。(三)入心敬爱。(四)谛了易解。(五)听者无厌。

⑪菩提:梵语 bodhi,意译觉、智、道。这里指佛果之觉智。

⑫转无上轮:即转法轮。佛之教法,谓之法轮;宣说教法,谓之转法轮。"轮"一词本为印度古代之战车,以回转战车即可粉碎敌人,譬喻佛陀所说之教法于众生之中回转,即可破碎众生之迷惑。又转轮圣王转动金轮,以降伏怨敌;而释尊以说法降伏恶魔,故称转法轮。

⑬宿命:宿世生命,无量生中的受报差别、善恶苦乐等情状。佛教认为世人于过去世皆有生命,或为天或为人,或为饿鬼

畜生，辗转轮回，谓之宿命。能知宿命者，谓之宿命通。

⑭白净之业：即“白业”，佛教以善为清白之法，故称善业为白业，称不善业为黑业。

⑮地狱：梵语 naraka 或 niraya，音译作“捺落迦”、“那落迦”、“泥梨”等，意为不乐、可厌、苦具、苦器、无有等。佛教中地狱总有三类：一根本地狱，即八大地狱及八寒地狱等。二近边地狱，即十六游增地狱等。三孤独地狱，在山间旷野树下空中等。

⑯三恶道：即地狱、饿鬼、畜生等三趣，均为恶业所生，故称“三恶道”，又称“三恶趣”。

⑰两足之尊：佛之尊号。一以佛在人天善趣两足有情中为第一尊贵，二以佛的福德、智慧圆满具足。

⑱十力：因佛具足十种不共智力，故称佛为十力尊。十力为：（一）处非处智力，（二）业异熟智力，（三）静虑解脱等持等至智力，（四）根上下智力，（五）种种胜解智力，（六）种种界智力，（七）遍趣行智力，（八）宿住随念智力，（九）死生智力，（十）漏尽智力。

⑲种姓：印度自吠陀时代，因出生之身分、阶级、职业等不同而定其种姓，构成一种不平等的社会阶级制度。古代印度社会分为婆罗门（僧侣、知识阶层）、刹帝利（王侯武士阶层）、吠舍（农工商庶民）、首陀罗（贱民奴隶）四等种姓，以前二种姓为高等。

⑳五欲：指染着色、声、香、味、触五境而起的五种情欲。

㉑恚（huì）：嗔怒。佛教称贪、恚、痴或贪、嗔、痴为“三

毒”，即贪欲、嗔恚、愚痴等三种烦恼。

㉒十地：大乘菩萨道的修行阶位。《华严经》云：一欢喜地、二离垢地、三发光地、四焰慧地、五难胜地、六现前地、七远行地、八不动地、九善慧地、十法云地。

㉓十种珍宝，以为脚足：《金光明经文句》："珍宝者，十地因可贵，诸地即是珍宝也。脚足者，十地是果家之基本，故言脚足。又十度是十地之脚足，……檀足若满得入初地。乃至智度足满得入十地。故十度为十地脚足也。"意为十地是佛果之脚足，又十度为十地之脚足。十度，依《华严经》为布施、持戒、忍辱、精进、禅定、智慧、方便、愿、力、智。

㉔三有：谓生有、中有、死有。三有海，指生死流。

㉕根力觉道：根指信、勤、念、定、慧五根；力指信、勤、念、定、慧五力，觉指念、择法、精进、喜、轻安、定、舍等七觉支；道指正见、正思维、正语、正业、正命、正精进、正念、正定等八正道。这里泛指三十七道品，即四念处（身、受、心、法）、四正勤（已生恶令永断，未生恶令不生，未生善令生，已生善令增长）、四如意足（欲、精进、念、思维）、五根、五力、七觉支、八正道。

㉖陀罗尼：梵语 dharani 之音译。意译"总持"、"能持"。《瑜伽师地论》卷四十五举出四陀罗尼：（一）法陀罗尼，能记忆经句不忘。（二）义陀罗尼，能理解经义不忘。（三）咒陀罗尼，依禅定力起咒术，能消除众生之灾厄。（四）忍陀罗尼，通达诸法离言之实相，了知其本性，忍法性而不失。这里指咒陀罗尼。

㉗十善：身口意三业中所行的十种善行为。又作"十善业"、"十善道"。反之，身口意所行的十种恶行为，称为"十恶"、"十

不善业”。身三善业为：不杀生、不偷盗、不邪淫。口四善业为：不妄语、不两舌、不绮语、不恶口，意三善业为：不贪、不嗔、不痴（非邪见）。反之即是十恶业。

㉘回向：回转趣向之义，意谓回转自己所作的功德善根以趣向菩提，或往生净土，或施与众生等。

㉙六趣：佛教中众生由业因差别而有六个趣向之处，即地狱、饿鬼、畜生（傍生）、阿修罗、人、天等，谓之六趣，又称“六道”。

㉚三毒：指贪欲、嗔恚、愚痴三种烦恼。又作“三火”、“三垢”。一切烦恼本通称为毒，然此三种烦恼通摄三界，系毒害众生出世善心中之最甚者，能令有情长劫受苦而不得出离，故特称三毒。

㉛翳（yì）：云雾。

㉜燋（jiāo）：通“焦”。

㉝三十二相、八十种好：又称“三十二大丈夫相、八十随好”。佛、菩萨之应化身所具足之殊胜容貌形相中，显著易见者有三十二种，称为“三十二相”；微细隐密难见者有八十种，称为“八十种好”。两者亦合称“相好”。转轮圣王亦能具足三十二相，而八十种好则唯佛、菩萨始能具足。

㉞三界：即欲界、色界、无色界。

㉟颇梨：又作“玻璃”、“颇璃”、“颇胝”等，七宝之一。意译“水玉”、“白珠”、“水精”。

㊱诸魔：梵文 mara，音译“魔罗”，意为杀者、扰乱、障碍、夺命等，能够扰乱身心，障碍善法，破坏胜事。有二魔，为内魔、

外魔；有四魔，谓烦恼魔、五阴魔、死魔、天魔等。

㊲六波罗蜜：即“六度”，一布施，二持戒，三忍辱，四精进，五禅定，六智慧。

㊳羸（léi）：衰病、瘦弱。

㊴戮（lù）：杀。

㊵鞭挞（tà）：用鞭子或棍子打。

㊶系（xì）缚（fù）枷（jiā）锁：系，拘囚之义。缚，捆绑。枷锁，古代刑具。

㊷瘂（yǎ）：同“哑”。

㊸安隐：即“安稳”。“隐”通假“稳”字，音义皆同“稳”（wěn）。或以“隐”、“稳”为古今字。

㊹箜篌（kōnghóu）：一种古代拨弦乐器。筝（zhēng）：一种拨弦乐器。

㊺优钵罗：即青莲花。

㊻璎珞：由珠玉或花等编缀成之饰物，可挂在头、颈、胸或手脚等部位。印度一般王公贵人皆佩戴。

㊼三时：指晨朝、日中、日没。

㊽涂身香：又称“涂香”。古印度人的生活习惯之一，即以香涂身，以消除体臭或热恼。或焚烧香料，以薰衣服与室内，称作烧香、薰香。又有“末香”，或作“抹香”，即以香粉撒地或燃熏。涂香、烧香、末香也都是供佛的方法之一。

㊾声闻：指听闻佛陀声教而证悟之出家弟子。

㊿三恶：即地狱、饿鬼、畜生等三恶趣。八难：指不得遇佛、不闻正法之八种障难。即地狱、畜生、饿鬼、长寿天、边地、

盲聋喑哑、世智辩聪、佛前佛后。处在这八种情境中的众生，或恒受众苦，或无暇修行善事，故又名“八无暇”或“八非时”。

51阎浮：梵文 Jambudvipa，音译“阎浮提”、“阎浮提鞞波”，新译为“赡部洲”。此洲为须弥山四大洲之南洲，故又称“南阎浮提”、“南阎浮洲”、“南赡部洲”。即地球人类居住之处。

译文：

那时信相菩萨，就在当天夜里梦见一个金鼓，形体巨大而漂亮，光明闪耀，好比太阳一般。又在光中看到了十方无量无边的诸佛，都在妙宝树下，坐琉璃座，有无量百千的大众围绕，佛为他们说法。见有一人，好像是个婆罗门，以槌击鼓，发出很大的鼓声，声中演说着忏悔偈颂。那时，信相菩萨从梦中醒来，一心专注地回忆梦中所听到的忏悔偈颂。就这样从夜里直到天明，出王舍城，往灵鹫山，到佛陀的住处。那时也有无量百千的大众和信相菩萨一起去灵鹫山见佛。到了佛的住处，顶礼佛足，右绕三匝，退坐一边，恭敬合掌，目不暂舍地瞻仰佛的尊颜，向佛禀告昨晚梦中所见的金鼓和忏悔偈颂：

我忆昨夜中，梦见大金鼓，
其形极殊妙，金光普晃耀，
犹如盛日轮，遍照十方界。
又于此光中，得见于诸佛，
各于宝树下，坐琉璃座上，
无量百千众，围绕而说法。
有一婆罗门，以槌击金鼓，

于其鼓声内，宣说如是偈：

金光明鼓出妙音，悉能灭除三世苦，
地狱饿鬼畜生苦，贫穷困苦诸有苦；
由此金鼓声威力，悉除众生烦恼逼。
断众怖畏得无惧，犹如诸佛得无畏，
佛成功德离生死，到一切智之彼岸，
如是众生得觉品，亦如佛之功德海。
由此金鼓出妙音，闻者普得梵音相，
证佛无上菩提果，常转清净妙法轮。
住寿不可思议劫，演说正法利众生，
能断烦恼除诸苦，贪嗔痴等令寂灭。
若有众生处地狱，大火炽燃烧其身，
若闻金鼓妙音教，即能归佛而离苦，
亦得成就宿命智，能忆百生亿万生，
令心正念佛世尊，得闻无上甚深教。
由闻金鼓胜妙音，复令众生值遇佛，
远离一切诸恶业，善修无量白净业。
诸天世人余众生，随其心想及所愿，
得闻金鼓微妙音，所求悉皆得满足。
众生若堕大地狱，猛火炎炽烧其身，
八难流转无救护，闻者能令苦悉灭。
三恶道报及人中，众生现受诸苦逼，
得闻金鼓微妙音，一切诸苦悉灭除。
无依无归无救护，我为是等作依处。

是诸世尊当证知，于我生起大悲心。
在在处处十方佛，现在世雄两足尊，
我本所作不善业，今对十力前忏悔。
不识诸佛父母恩，不解善法造恶业，
自恃种姓及财宝，盛年放逸造恶业；
心念不善口恶言，随心所作造恶业，
愚行无知暗障覆，亲近恶友造恶业；
五欲因缘心嗔忿，不知厌足造诸恶，
近不善人生悭嫉，贫穷奸谄造诸恶；
系属于他常怖畏，不得自在造诸恶，
贪欲恚痴躁动心，渴爱所逼造诸恶；
由因衣食及女色，烦恼火烧造诸恶。
身口意集三恶业，如是众罪今忏悔；
或不恭敬佛法僧，如是众罪今忏悔，
不敬缘觉与菩萨，如是众罪今忏悔；
由无智慧谤正法，不敬父母及尊长，
如是众罪今忏悔；愚惑所覆骄慢逸，
因贪恚痴造作恶，如是众罪今忏悔。
我于三千大千界，供养无量无数佛，
当愿拔济十方众，令离所有诸苦难；
我当安止僧祇众，皆令安住于十地，
已得安住十地者，悉皆成佛圆满觉。
为一众生亿劫修，度无量众离苦海。
我当为诸众生等，演说深妙之悔法，

所谓最胜金光明，能除千劫极重业。
若能至心一忏悔，如是罪业悉尽灭，
我今已说忏悔法，清净微妙金光明，
能速灭除一切业。
我当安住于十地，十种珍宝为脚足，
功德光明悉圆满，济度众生三有海。
诸佛甚深之法藏，妙智功德难思议，
一切种智悉具足。
百千禅定觉道品，不可思议陀罗尼，
十力世尊我成就。
唯愿世尊大慈悲，证察微诚受我悔。
若我百劫造恶业，以是因缘大忧苦，
贫穷困乏愁惊惧，怖畏恶业心怯劣，
在在处处无暂乐；十方诸佛大悲尊，
能除众生诸怖畏，愿受我之诚心忏，
令我忧苦悉消除。
我之所有烦恼垢，惟愿现在诸世尊，
以大悲水洗除净。
过去作罪今悉忏，现在作罪诚发露，
所未作者更不作，已作之业不覆藏。
身业三种口业四，意三业行今悉忏，
身口意业之一切，十种恶业皆忏悔。
远离十恶行十善，安止十住圆十力。
所造恶业应受报，今于佛前至心忏。

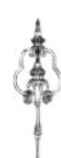

若此国土余世界，所有善法悉回向，
我以身口意所行，愿将证得无上道。
若在诸有六趣难，愚痴无智造恶业，
今于佛前悉忏悔；世间生死之险难，
种种淫欲烦恼难，狂心散动颠倒难，
近恶友难三有难，三毒难及无难难，
值好时难修德难，值佛亦难如是难，
今对佛前悉忏悔。
我今依止诸世尊，我礼佛海无上尊，
金色晃耀如须弥，我今顶礼最胜尊。
身色无上如天金，眼目清净绀琉璃，
功德威神名称著，大悲慧日灭众暗；
佛日大光普照耀，善净无垢离尘翳，
牟尼月照极清凉，能除众生烦恼热；
三十二相遍庄严，八十随好视无厌。
功德巍巍光网耀，安住三界如日照；
色如琉璃净无瑕，妙色广大种种异，
颇梨白银饰光网，如日初出流霞光，
种种光明以严饰。
三有生死大海中，忧恼愁水漂我心，
毒涩苦海难堪忍，佛日舒光令永竭。
妙身庄严相好殊，金色光明遍一切，
智慧大海满三界，是故我今稽首礼。
如大海水量难知，大地微尘不可计，

如妙高山叵称度，亦如虚空无边际，
诸佛功德亦如是，一切有情不能知。
于无量劫极思维，不能得知佛功德；
大地微尘能算知，毛端滴海尚可量，
佛之功德无能数。
相好庄严名称赞，如是功德令众得。
我以善业诸因缘，愿得速成于佛道，
讲宣妙法利众生，悉令度脱无量苦；
摧伏诸魔及眷属，转于无上正法轮，
住寿无量难思议，充足众生甘露味。
犹如过去诸最胜，六波罗蜜皆圆满，
灭诸贪欲及嗔痴，降伏烦恼除众苦；
我当忆念宿命事，百生千生万亿生，
亦常至心念诸佛，所说无上微妙法，
我因善业常值佛，远离诸恶修诸善。
一切世界诸众生，愿我悉灭彼苦恼，
所有诸根不具足，令彼身相皆圆满；
若有众生遭病苦，身形羸瘦无所依，
咸令病苦得消除，诸根色力皆充满；
若犯王法当刑戮，无量怖畏生忧恼，
如是之人令解脱；若受鞭挞枷锁系，
种种苦痛逼切身，无量百千愁忧畏，
种种恐惧扰其心，如是无边诸苦恼，
愿使一切悉解脱。

若有众生饥渴逼，令得种种甘美食；
盲者得视聋得听，哑者得言裸得衣，
贫穷之者得宝藏，仓库盈溢无所乏。
一切皆受安稳乐，乃至无有一受苦。
众生相视和悦色，形貌端严人喜见，
心常思念他人善，饮食饱满功德具。
随彼众生之所念，所愿皆令得满足。
随念种种伎乐声，箜篌琴瑟妙音现，
念水即现流泉池，金色莲花泛其上。
随彼众生心所念，饮食衣服及床敷，
金银珍宝妙琉璃，璎珞庄严皆具足。
愿众生不闻恶声，乃至不见可恶者，
愿众生容貌端严，各各慈心相爱念，
世间所有资生具，随心念时皆满足，
所有众生之求索，随其所念悉具足。
烧香末香及涂香，香华诸树三时雨，
随心受用生欢喜。
愿诸众生常供养，不可思议十方佛，
无上清净妙法门，菩萨独觉声闻众。
愿诸众生常远离，三恶无暇八难中，
亲睹诸佛无上王。
愿得常生尊贵家，财宝丰饶安稳乐，
妙色颜容身庄严，功德成就大名称。
愿诸女人转为男，精勤不懈具智慧，

一切皆行菩萨道，勤修六度到彼岸。
常见十方无量佛，宝王树下琉璃座，
安住禅定自在乐，演说正法众乐闻。
若我现在及过去，若于过去及现在，
轮回三有造诸业，能招可厌不善趣，
愿得消灭永无余。
一切众生于有海，生死罥网坚牢缚，
愿以智剑为断除，离苦速证菩提处。
若此阎浮及他方，无量世界诸众生，
所作种种妙功德，我今身心皆欢喜。
以此随喜之功德，及身口意之善业，
愿证无上大菩提，得净无垢胜果报。
若有礼赞佛功德，信心清净无疑网，
如是所作之忏悔，当超六十劫重罪。
诸善男子善女人，国王刹利婆罗门，
合掌恭敬而向佛，称叹如来说此偈，
生生常知宿命事，诸根具足身端严，
种种功德皆成就，在在生处常为王，
辅相大臣行恭敬。
非于一佛十佛所，种诸功德得闻忏，
已于无量千万亿，诸佛如来种善根，
乃得闻是忏悔法。

赞叹品第四

《忏悔》灭恶，《赞叹》生善，忏悔法门与赞佛功德，正是取证佛果菩提涅槃的修因。本品以偈颂说明信相夜梦金鼓并闻知金光明忏悔法的过去世因缘。信相菩萨前世为金龙尊王时，修金光明法门，常礼敬赞叹十方三世诸佛的佛身微妙，并发愿于未来世常常夜梦金鼓昼宣说，闻忏悔法，行菩提道，济拔众生；以此果报，当来之世，值释迦佛，得受记别，功德净土，与佛无异。又，以偈颂等赞叹佛的种种相好功德是大小乘的传统功行之一，并在《普贤行愿品》中被列入普贤行的十大愿之一。除了本品外，本经中《四天王品》、《赞佛品》中也有赞叹佛相好功德的内容。

尔时佛告地神坚牢："善女天！过去有王名金龙尊，常以赞叹，赞叹去来现在诸佛：

我今尊重，敬礼赞叹，去来现在，十方诸佛。
诸佛清净，微妙寂灭；色中上色，金光照耀。
于诸声中，佛声最上，犹如大梵，深远雷音；
其发绀黑，光螺炎起，蜂翠孔雀，色不得喻；
其齿鲜白，犹如珂雪[1]，显发金颜，分齐分明；
其目修广，清净无垢，如青莲华，映水开敷；
舌相广长，形色红晖，光明照耀，如华初生；

眉间毫相，白如珂月，右旋润泽，如净琉璃；
眉细修扬，形如月初，其色黑耀，过于蜂王；
鼻高圆直，如铸金铤②，微妙柔软，当于面门；
如来胜相，次第最上，得味真正，无与等者。
一一毛孔，一毛旋生，软细绀青，犹孔雀项。
即于生时，身放大光，普照十方，无量国土，
灭尽三界，一切诸苦，令诸众生，悉受快乐；
地狱畜生，及以饿鬼，诸人天等，安隐无患，
悉灭一切，无量恶趣。
身色微妙，如融金聚；面貌清净，如月盛满；
佛身明耀，如日初出；进止威仪，犹如师子③；
修臂下垂，立过于膝，犹如风动，娑罗树枝④；
圆光一寻⑤，能照无量，犹如聚集，百千日月。
佛身净妙，无诸垢秽，其明普照，一切佛刹；
佛光巍巍，明炎炽盛，悉能隐蔽，无量日月；
佛日灯炬，照无量界，皆令众生，寻光见佛。
本所修习，百千行乐，聚集功德，庄严佛身。
臂膅纤圆⑥，如象王鼻，手足净软，敬爱无厌。
去来诸佛，数如微尘，现在诸佛，亦复如是，
如是如来，我今悉礼，身口清净，意亦如是，
以好香华，供养奉献，百千功德，赞咏歌叹。
设以百舌，于千劫中，叹佛功德，不能得尽；
如来所有，现世功德，种种深固，微妙第一。

设复千舌，欲赞一佛，尚不能尽，功德少分，
况欲叹美，诸佛功德。
大地及天，以为大海，乃至有顶[⑦]，满其中水，
尚以一毛，知其滴数，无有能知，佛一功德。
我今以礼，赞叹诸佛，身口意业，悉皆清净，
一切所修，无量善业，与诸众生，证无上道。
如是人王，赞叹佛已，复作如是，无量誓愿：
若我来世，无量无边，阿僧祇劫，在在处处，
常于梦中，见妙金鼓，得闻忏悔，深奥之义；
今所赞叹，面貌清净，愿我来世，亦得如是。
诸佛功德，不可思议，于百千劫，甚难得值，
愿于当来，无量之世，夜则梦见，昼如实说。
我当具足，修行六度，济拔众生，越于苦海，
然后我身，成无上道，令我世界，无与等者。
奉贡金鼓，赞佛因缘，以此果报，当来之世，
值释迦佛，得受记莂[⑧]；并令二子，金龙金光，
常生我家，同共受记。
若有众生，无救护者，众苦逼切，无所依止，
我于当来，为是等辈，作大救护，及依止处，
能除众苦，悉令灭尽，施与众生，诸善安乐。
我未来世，行菩提道，不计劫数，如尽本际[⑨]；
以此金光，忏悔因缘，使我恶海，及以业海，
烦恼大海，悉竭无余；我功德海，愿悉成就，

智慧大海，清净具足，无量功德，助菩提道，
犹如大海，珍宝具足。
以此金光，忏悔力故，菩提功德，光明无碍，
慧光无垢，照彻清净；我当来世，身光普照，
功德威神，光明炎盛，于三界中，最胜殊特，
诸功德力，无所减少。
当度众生，越于苦海，并复安置，功德大海，
来世多劫，行菩提道，如昔诸佛，行菩提者。
三世诸佛，净妙国土，诸佛至尊，无量功德，
令我来世，得此殊异，功德净土，如佛世尊。
信相当知，尔时国王，金龙尊者，则汝身是；
尔时二子，金龙金光，今汝二子，银相等是⑩。”

注释：

①珂（kē）：白色似玉的美石。

②铤（dìng）：同“锭”。

③师子：同“狮子”。

④娑罗树：一种树，乔木，产于印度、孟加拉国国等热带地方。高达十丈，叶呈长椭圆形而尖，种子可食。

⑤一寻：古代长度单位。伸张两臂为一寻，约六尺至八尺左右。

⑥臃（chōng）：同“傭”（chōng），直，均齐。

⑦有顶：即有顶天。一说为色究竟天。乃色界四禅天之

第九天，为有形世界之最顶峰，故称“有顶”。一说为无色界之第四天，即非想非非想处天，以其为三有（三界）之绝顶，故称有顶。

⑧记莂（bié）：又作“记别”、“授记”、“受记”，佛记弟子成佛之事，分别劫数、国土、佛名、寿命等事。

⑨本际：指根本究竟之边际，即绝对平等的理体，多指涅槃而言。这里是指尽未来际的无尽时间之义。

⑩银相等：后文提到，信相的二子名为银相、银光。

译文：

那是佛告诉坚牢地神说：“善女天啊！过去世有一个国王名叫金龙尊，常以歌偈来赞叹过去未来现在一切诸佛：

我今殷重礼赞叹，去来现在十方佛。
清净微妙善寂灭，色中上色身金光。
一切声中最为上，如大梵响震雷音，
其发绀黑色难喻，宛转螺光如焰起，
蜂翠碧绿孔雀色，其色妙美不可喻。
其齿鲜白如珂雪，平正齐密显光明，
其目修广净无垢，如青莲华映水开，
舌相广长色红辉，柔软光耀如红莲，
眉间常有白毫光，右旋宛转琉璃色，
眉细修扬类初月，其色黑耀比蜂王，
鼻高圆直如金锭，微妙柔软当面门，
如来胜相最为上，得味真正无与等。

一一毛孔毛旋生，软细绀如孔雀项。
初诞身有妙光明，普照一切十方界，
灭尽三界一切苦，令诸众生受快乐；
地狱畜生及饿鬼，诸人天等得安稳，
悉灭一切恶趣苦。
身色微妙如金聚，面貌清净如月满，
佛身明耀如日出，进止威仪如狮子，
修臂下垂立过膝，状如风动娑罗枝，
圆光一寻照无边，赫奕犹如百千日。
佛身净妙无诸垢，其明普照一切刹；
佛光巍巍明焰盛，悉能映蔽诸日月；
佛日光照无量界，众生遇光得见佛。
本所修习诸行业，聚集功德严佛身。
臂纤圆如象王鼻，手足净软爱无厌。
过去未来现在佛，数如大地诸微尘，
我以清净身语意，一切如来悉顶礼，
以妙香华诚供献，赞佛无边功德海。
设我口中有百舌，于千劫中赞如来，
佛之功德难思议，深固微妙为第一。
设复千舌赞一佛，功德少分不能尽，
况诸佛德无边际。
假使大地及诸天，乃至有顶满海水，
以一毛端知滴数，佛一功德无能知。
我以清净身语意，礼赞诸佛德无边，

所修无量诸善业，回施众生成佛道。
彼王赞叹如来已，复发如是弘誓愿：
愿我当于未来世，无数劫中生生处，
梦中常见妙金鼓，得闻忏悔深奥音；
今所赞叹佛功德，愿我来世得如是。
诸佛功德不思议，于百千劫难值遇，
愿于当来无量世，夜梦金鼓昼说忏。
我当圆满修六度，拔济众生越苦海，
我身得成无上道，佛土清净无与等。
梦见金鼓赞如来，以此功德愿来世，
遇释迦佛得受记，并金龙金光二子，
常生我家同受记。
若有众生无救护，众苦逼切无依止，
我于当来为等辈，作大救护依止处，
三有众苦令灭尽，愿施众生安乐处。
愿我来世无数劫，行菩萨道尽本际，
以此金光忏悔福，愿使恶海及业海、
烦恼大海竭无余；
我功德海愿得成，智慧大海亦圆满，
菩提资粮悉圆满，犹如大海珍宝具。
以此金光忏悔力，当获福德光无碍，
亦得智慧光无垢；愿我来世身光照，
功德威神光明焰，于三界中最殊胜，
威力自在无伦匹。

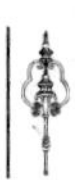

愿度众生出苦海，安置无为功德海，
多劫常行菩萨道，修菩提行如诸佛。
三世诸佛妙净土，尊胜无量功德海，
愿我来世皆成满，福智刹土如世尊。
信相当知时国王，金龙尊者汝身是，
二子金龙与金光，汝子银相银光是。”

空品第五

本品明境，明我法二空之理。《忏悔品》不得空性之理则恶不除灭，《赞叹品》不得空性之理则善不清净，故文中说“本性空寂”、“本自不生”。又三论宗吉藏《金光明经疏》中解释说：《忏悔》、《赞叹》二品明功德门，是方便道；《空品》明智慧门，是般若道[①]。然如同本品开头所说，“无量余经，已广说空，是故此中，略而解说”，本经对于空义只是略说，也就是说，从理论上解说空性的道理并不是本经的重点内容。本品所说的空义，与般若经所说的空义大致相同，以四大、五蕴、十二入、十八界解说我空、法空，以十二因缘解说流转，进而修我法二空观，以性空不生之理，断见缚烦恼而证菩提，求证如来真实法身，广修供养，利益有情。

无量余经，已广说空，是故此中，略而解说。
众生根钝，鲜于智慧，不能广知，无量空义，
故此尊经，略而说之。
异妙方便，种种因缘，为钝根故，起大悲心，
今我演说，此妙经典。
如我所解，知众生意。
是身虚伪，犹如空聚[②]，六入村落[③]，结贼所止[④]，
一切自住，各不相知。

眼根受色，耳分别声，鼻嗅诸香，舌嗜于味，
所有身根，贪受诸触，意根分别，一切诸法。
六情诸根[⑤]，各各自缘，诸尘境界，不行他缘[⑥]。
心如幻化，驰骋六情，而常妄想，分别诸法，
犹如世人，驰走空聚，六贼所害，愚不知避；
心常依止，六根境界，各各自知，所伺之处，
随行色声，香味触法。
心处六情，如鸟投网，其心在在，常处诸根，
随逐诸尘，无有暂舍。
身空虚伪，不可长养[⑦]，无有诤讼，亦无正主。
从诸因缘，和合而有，无有坚实，妄想故起；
业力机关[⑧]，假伪空聚，地水火风[⑨]，合集成立。
随时增减[⑩]，共相残害，犹如四蛇，同处一箧[⑪]。
四大蚖蛇[⑫]，其性各异，二上二下，诸方亦二[⑬]，
如是蛇大，悉灭无余。
地水二蛇，其性沉下，风火二蛇，性轻上升。
心识二性，躁动不停，随业受报，人天诸趣，
随所作业，而堕诸有。
水火风种，散灭坏时，大小不净，盈流于外，
体生诸虫，无可爱乐，捐弃冢间[⑭]，如朽败木[⑮]。
善女当观，诸法如是，何处有人，及以众生。
本性空寂，无明故有，如是诸大，一一不实；
本自不生，性无和合，以是因缘，我说诸大，

从本不实，和合而有。
无明体性[16]，本自不有，妄想因缘，和合而有。
无所有故，假名无明。
是故我说，名曰无明，行识名色，六入触受，
爱取有生，老死愁恼，众苦行业，不可思议，
生死无际，轮转不息。
本无有生，亦无和合，不善思惟，心行所造。
我断一切，诸见缠等[17]，以智慧刀，裂烦恼网，
五阴舍宅[18]，观悉空寂，证无上道，微妙功德。
开甘露门，示甘露器，入甘露城，处甘露室，
令诸众生，食甘露味。
吹大法螺，击大法鼓，然大法炬，雨胜法雨；
我今摧伏，一切怨结，竖立第一，微妙法幢[19]。
度诸众生，于生死海，永断三恶，无量苦恼。
烦恼炽然，烧诸众生，无有救护，无所依止，
我以甘露，清凉美味，充足是辈，令离燋热。
于无量劫，遵修诸行，供养恭敬，诸佛世尊；
坚固修习，菩提之道，求于如来，真实法身[20]。
舍诸所重，肢节手足，头目髓脑，所爱妻子，
钱财珍宝，真珠璎珞，金银琉璃，种种异物。

注释：

①“《忏悔》、《赞叹》二品明功德门”四句：见吉藏《金光明

经疏》卷一,《大正藏》第39册,第162页。

②空聚:无人之聚落。人身之六根,假和合而无实主,譬之无人之聚落。

③六入:眼、耳、鼻、舌、身、意等六根为"内六入",色、声、香、味、触、法等六境为"外六入",总称"十二入",亦作"十二处"。入者,涉入、趋入之义;处者,所依之义。六根与六境互相涉入而生六识,故称入。

④结贼:结即结使,烦恼的异称。诸烦恼缠缚众生,不使出离生死,故称结;驱役而恼乱众生,故称使。结有九种,使有十种,称为九结十使。结使伏于众生心中,如贼一样,故称为"结贼"。

⑤六情:即"六根"。旧译经论多译六根为六情。以眼、耳、鼻、舌、身、意等六根皆具有情识,故称"六情"。

⑥不行他缘:六根的每一根,与六境是各各相对的。如眼一定缘色境而不他缘声境等。

⑦长养:即没有真正的实体性的我,故并没有一个真正的我出生、长养,不过是缘聚缘灭的聚散现象而已。这是佛学的无我论观点。

⑧业力:善恶之业有生起苦乐果之力用,称为"业力"。一切苦乐之果皆因业力所致,故通常有"业力不可思议"之语。

⑨地水火风:即佛学四大。地为坚性,水为湿性,火为暖性,风为动性。这里以四蛇比喻四大。

⑩随时增减:《文句》:竖论增减者,从入胎时名增,壮时名盛,老时名减。横论增减者,火增水减,水增火减,指四大各自

增减不定。比如有时候火大盛而发高烧，则害其它，故说“共相残害”。

⑪箧（qiè）：小箱子。佛经以假身为箧，身中四大，如箧贮蛇。

⑫蚖（yuán）蛇：指蝾螈或蜥蜴一类的动物，这里泛指毒蛇。

⑬诸方亦二：《文句》：诸方亦二者，四大对四方，风东火南地西水北。对四时，风春火夏地秋水冬。东与南属阳而上升，西与北属阴而下沈。故言二上二下，诸方亦二。

⑭冢（zhǒng）：坟。

⑮如朽败木：《文句》：气命尽是风去故言散，暖尽是火去故言灭。水尽则身烂，故言大小不净盈流于外。地散灭是骨肉离解，故言如朽败木。

⑯无明：就通义而言，一切烦恼皆有暗障迷惑真如本际理体之义，通称为无明；就别义而言，无明烦恼迷于本际，集起生死，为十二因缘之根本。《起信论》分为根本无明和枝末无明。

⑰见缠：见指见缚、见惑、见网等，即五利使（身见、边见、邪见、见取见、戒禁取见）、五钝使（贪、嗔、痴、慢、疑）等十惑。缠则为烦恼的异名，指无惭、无愧、嫉、悭、悔、睡眠、掉举、昏沉、忿、覆等贪嗔痴烦恼，缠缚众生于生死流转之中而不得解脱。

⑱五阴：新译“五蕴”，即色、受、想、行、识。

⑲法幢（chuáng）：幢指幢幡，与旌旗同义。幢旗以表战胜之相，故以法幢譬喻佛菩萨之说法能降伏众生烦恼之魔军。

⑳法身：佛所得之无漏法及佛之自性真如如来藏。佛的二

身之一，或三身之一。又作“法佛”、“理佛”、“法身佛”、“自性身”、“法性身”、“如如佛”、“实佛”、“第一身”等。

译文：

无量余经广说空，是故此处略解说，
众生根钝少智慧，不能广知甚深义，
故我于此重敷演。
大悲哀愍有情故，以善方便胜因缘，
我今演说妙经典，令彼得解空性义。
此身虚幻如空聚，六入村中结使贼，
各各止住不相知。
眼受诸色耳闻声，鼻嗅诸香舌嗜味，
身根贪受诸触乐，意根分别一切法。
六根各自缘六境，根境相缘不杂乱。
心如幻化骋六根，而常妄想生诸法，
如人驰走空聚中，为六贼害不知避。
心常依止六根境，托根缘境随寻伺，
六尘境中随处转。
其心常处于六根，犹鸟在网乍出入，
随逐诸尘无暂舍。
身空虚伪不长养，根境缘成无正主。
从诸因缘和合有，虚妄分别无坚实，
业力机关假伪聚，地水火风共成身。
随时增减共相害，犹如四蛇处一箧。

四大蚖蛇性各异，二上二下方亦二，

如是蛇大悉无余。

地水二蛇性沉下，风火二蛇性轻上。

心识二性躁不停，随业受报人天趣，

随所作业堕诸有。

地水火风散灭时，大小不净盈流外，

体生诸虫无可爱，捐弃冢间如朽木。

善女当观法如是，云何执有我众生。

本性空寂无明有，如是四大皆不实；

本自不生无和合，以是因缘说诸大，

从本不实和合有。

无明体相本无有，妄想因缘和合生，

假名无明无所有。

是故我说名无明，行、识、名色、六入、触，

受、爱、取、有、生、老死，忧悲苦恼恒随逐，

生死轮回无息时。

本无有生体是空，由不如理生分别。

我断一切诸见缠，以智慧剑裂缠网，

五阴舍宅观悉空，证无上道微妙德。

开甘露门兮示甘露器，入甘露城兮处甘露室，

令诸众生兮食甘露味。

吹大法螺兮击大法鼓，燃大法炬兮雨胜法雨。

我今摧伏诸怨结，竖立第一妙法幢。

度众生于生死海，永断三途无量苦。

烦恼炽燃苦众生，无有救护无依止，
我以甘露清凉味，充足是辈离热恼。
于无量劫修诸行，供养恭敬佛世尊，
坚固修习菩提道，证得如来真法身。
舍诸所爱身手足，头目髓脑及妻子，
钱财珍宝珠璎珞，金银琉璃种种宝。

卷　二

四天王品第六

从《寿量品》至《空品》明常住因果，即是经体；从《四天王品》至《舍身品》明经功德而劝学，即经力用。《四天王品》以下至《嘱累品》都属于流通分的内容，但却是本经极为重要的内容。本经被列为护国之经，在整个大乘佛教流行的地区都受到广泛持诵，是与《四天王品》、《大辩天神品》、《功德天品》、《坚牢地神品》、《散脂鬼神品》等五品宣说的受持读诵宣讲《金光明经》能够带来不可思议护国利益密不可分的。这五品经说明诵持流通本经所带来的诸天护国、除灾增福等各种现世利益，是《金光明经》成为护国经典的主要根据，对于历代提倡《金光明经》以镇护国家起到了很大作用。这五品经一再宣说诵持流通《金光明经》能够得到护世四天王及诸天神的镇护，拥护持诵及说法者，并使此地的一切灾难、痛苦及不吉祥都得到灭除，一切善法功德都得到增长，国土转为丰饶，人民得到安乐。其中尤其劝说国王要亲自供养宣说《金光明经》的人，能够给国土人民带来种种的利益安乐。《四天王品》叙说四天王因供养读诵宣说本经而服甘露味，增益身力，威德勇猛，镇护国家，灭除一切国土衰耗、怨贼侵境、饥馑疾疫等种种灾难，消除一切衰恼，护卫国土人民得到一切安乐。《大辩天神品》、《功德天品》、《坚牢地神品》、《散脂鬼神品》四品也是宣说诸天神拥护说法者，得到种种利益

安乐。同时，诸天拥护，都能使说法者除灾获福，并值遇诸佛，速疾证得阿耨多罗三藐三菩提。诸天护国的内容反映了大乘思想发展中，出现了把诸天神视为是不同修证层次的菩萨化身的思想，所谓外现诸天鬼王身，内密大乘菩萨行，这成为大乘思想的一个重要观点。

尔时毗沙门天王、提头赖吒天王、毗留勒叉天王、毗留博叉天王[①]，俱从座起，偏袒右肩，右膝着地，胡跪合掌，白佛言："世尊！是金光明微妙经典众经之王，诸佛世尊之所护念，庄严菩萨深妙功德，常为诸天之所恭敬，能令天王心生欢喜，亦为护世之所赞叹[②]。此经能照诸天宫殿，是经能与众生快乐，是经能令地狱、饿鬼、畜生诸河焦干枯竭，是经能除一切怖畏，是经能却他方怨贼，是经能除谷贵饥馑[③]，是经能愈一切疫病，是经能灭恶星变异，是经能除一切忧恼。举要言之，是经能灭一切众生无量无边百千苦恼。世尊！是金光明微妙经典，若在大众广宣说时，我等四王及余眷属，闻此甘露无上法味，增益身力，心进勇锐，具诸威德。世尊！我等四王，能说正法，修行正法，为世法王，以法治世。世尊！我等四王及天龙鬼神、乾闼婆、阿修罗、迦楼罗、紧那罗、摩睺罗伽，以法治世，遮诸恶鬼啖精气者[④]。世尊！我等四王二十八部诸鬼神等及无量百千鬼神[⑤]，以净天眼过于人眼，常观拥护此阎浮

提。世尊！是故我等名护世王。若此国土有诸衰耗、怨贼侵境、饥馑疾疫种种艰难，若有比丘受持是经，我等四王当共劝请，令是比丘以我等力故，疾往彼所国邑郡县⑥，广宣流布是金光明微妙经典，令如是等种种百千衰耗之事悉皆灭尽。世尊！如诸国王所有土境，是持经者若至其国，是王应当往是人所，听受如是微妙经典，闻已欢喜，复当护念、恭敬是人。世尊！我等四王，复当勤心拥护是王及国人民，为除衰患，令得安隐。世尊！若有比丘、比丘尼、优婆塞、优婆夷受持是经，若诸人王有能供给，施其所安，我等四王亦当令是王及国人民一切安隐，具足无患。世尊！若有四众受持读诵是妙经典⑦，若诸人王有能供养恭敬，尊重赞叹，我等四王，亦复当令如是人王于诸王中常得第一供养恭敬，尊重赞叹，亦令余王钦尚羡慕，称赞其善。”

注释：

①毗（pí）沙门天王、提头赖吒（zhā）天王、毗留勒叉天王、毗留博叉天王：即四大天王，分别为北方多闻天王、东方持国天王、南方增长天王、西方广目天王。各率部众守护一方，故又称护世四天王。为佛教世界观中欲界天四大王天的天主，居须弥山腰四方，率部属护持佛法。《四天王经》载，四天王皆从属于帝释天。

②护世：又作“护国四王”、“四大天王”。四天王因常守护

佛法，护持四天下，令诸恶鬼神不得侵害众生，故称“护世”，又称“护国”。

③馑（jǐn）：饥荒。

④啖（dàn）：吞食。

⑤二十八部：指下文说到的正了知散脂大将所率领的二十八部药叉鬼神众。依义净译《正了知王药叉眷属法》及不空译《孔雀经》所载，四方各有一大将各自统领五百眷属二十八部众。二十八部众为四方各四部、思维四部、地上四部、空中四部，共二十八部。这些部众又都归四大天王统辖。本经一般把二十八部众与散脂大将连在一起说，意为由散脂大将统率的二十八部众。

⑥邑（yì）：指国都或诸侯国。又大曰都，小曰邑，泛指村落、城镇。

⑦四众：即比丘、比丘尼、优婆塞、优婆夷。

译文：

这时北方多闻天王、东方持国天王、南方增长天王、西方广目天王，都从座位上起来，偏袒右肩，右膝着地，向佛合掌顶礼后说：“世尊！这部《金光明》微妙经典、众经之王，为诸佛世尊之所护念，能够庄严菩萨的深妙功德，常为诸天之所恭敬，能令天王心生欢喜，也为护世四天王之所赞叹。这部经能够照耀诸天的宫殿，能够给予众生快乐，能够令地狱、饿鬼、畜生三恶道之流干涸枯竭，能够除去众生的一切怖畏，能够退却他方的怨贼，能够消除灾荒饥饿，能够治愈一切疫病，能够灭除恶星变异，能够去除众生的一切忧恼。举要言之，这部经能够灭除一切众生无量无边的苦恼！世尊！这部《金光明》微妙经典，若在大众中广为宣说的时候，我等四天王及眷属部从，听闻这个无上甘露法味之后，增益了身心力量，变得勇猛无畏，具足种种威德。世尊！我们四天王，能说正法，修行正法，为世间的法王，以正法治世。世尊！我们四天王及天龙鬼神、乾闼婆、阿修罗、迦楼罗、紧那罗、摩睺罗伽等，以正法治理世间，阻止那些恶鬼夺吸人的精气。世尊！我们四天王及二十八部鬼神以及无量百千的鬼神等，因为我们的净天眼超过人间的眼睛，常常用天眼观察人间的善恶，拥护阎浮提世界。世尊！因此我们也有护世王的称号。如果此国土有诸如衰耗、怨贼侵境、饥馑疾疫等种种艰难的时候，如果有比丘受持这部经，我等四天王将一起去劝请，以我们劝请力的缘故，使得这位比丘赶快前往那个有灾难的国土郡县，广为宣说流布这部《金光明》微妙经典，使得种种的衰耗之事全部灭除无余。世尊！各个国王的土地上，如果有受持这部经的人到了这个国土，国王应当前往此人的住所听闻受持这部微妙经典；听了以后欢喜踊跃，还应当护念恭敬此人。世尊！我们四天王就会尽心尽力拥护这个国王和国中的人民，让他们灭除衰耗之患，得到安稳之乐。世尊！如果有比丘、比丘尼、优婆塞、优婆夷受持这部经，如果国王能够供给布施，让他们得到安乐，我们四天王也会让这个国王以及国中的人民得到一切的安乐，没有任何忧难。世尊！若有四众弟子受持读诵这部微妙经典，如果有国王能够供养受持此经者，对他们恭敬、尊重、赞叹，我们四天王也将让这个国王在

诸国王中经常得到第一等的供养及恭敬、尊重、赞叹，使其他国王都钦佩羡慕，称赞他的德行。

尔时世尊赞叹护世四天王等：“善哉！善哉！汝等四王，过去已曾供养恭敬、尊重赞叹无量百千万亿诸佛，于诸佛所种诸善根，说于正法，修行正法，以法治世，为人天王。汝等今日长夜利益于诸众生，行大悲心，施与众生，一切乐具，能遮诸恶，勤与诸善；以是义故，若有人王能供养恭敬此金光明微妙经典，汝等正应如是护念，灭其苦恼，与其安乐。汝等四王及诸眷属，无量无边百千鬼神，若能护念如是经者，即是护持去来现在诸佛正法。汝等四王及余天众百千鬼神与阿修罗共战斗时，汝等诸天常得胜利。汝等若能护念此经，悉能消伏一切诸苦，所谓怨贼、饥馑、疾疫，若四部众有能受持读诵此经，汝等亦应勤心守护，为除衰恼，施与安乐。”

译文：

这时，世尊赞叹护世四天王说：“善哉！善哉！你们四天王，过去已经供养恭敬、尊重赞叹过无量百千万亿的诸佛，在诸佛那里种下了种种善根，宣说正法，修行正法，以正法治世，作世间天王。你们长久以来，常常想着利益众生，起大悲心，施与众生一切安乐，阻止各种恶行，增长各种善法，因为这个缘故，如果有国王能供养恭敬这部《金光明》微妙经典，你们应该给予护念，灭除他们的苦恼，给予他们安乐。你们四天王及无量无边的眷属部从鬼神，若能护念这部经，即是护持过去未来现在诸佛的正法；你们四天王及其他天众、百千鬼神等，一起与阿修罗战斗时，你们诸天常得胜利。你们若能护念这部经，能够消除一切的苦难，比如怨贼、饥馑、疾疫等。若四部弟子有能受持读诵此经的，你们也应尽心守护，为他们除去忧恼，获得安乐。”

尔时四王复白佛言：“世尊！是金光明微妙经典，于未来世，在所流布，若国土城邑、郡县村落，随所至处，若诸国王以天律治世，复能恭敬至心听受是妙经典，并复尊重供养、供给持是经典四部之众，以是因缘，我等时时得闻如是微妙经典，闻已即得增益身力，心进勇锐，具诸威德。是故我等及无量鬼神，常当隐形，随其妙典所流布处而作拥护，令无留难；亦当护念听是经典诸国王等及其人民，除其患难，悉令安隐，他方怨贼，亦使退散。若有人王听是经时，邻国怨敌兴如是念，当具四兵坏彼国土。世尊！以是经典威神力故，尔时邻敌更有异怨为作留难，于其境界起诸衰恼、灾异、疫病。尔时怨敌起如是等诸恶事已，备具四兵，发向是国，亲往讨伐，我等尔时当与眷属无量无边百千鬼神，隐蔽其形，为作护助，令彼怨敌自然退散，起诸怖惧，种种留难。彼国兵众尚不能到，况复当能有所破坏。”

译文：

那时，四天王又对佛说："世尊！这部《金光明》微妙经典，在未来世中，所流布的地方，如城市都邑、郡县村落等，随这部经所在之处，如果诸国王能够以天律治理世间，复能至心恭敬听受这部经典，并且还尊重供养、供给受持这部经典的四部众，因为这个因缘，我们能够时时听闻这部微妙经典，听闻之后就增益了身心力量，勇猛无畏，具足种种威德。所以，我们四天王率无量的鬼神，随这部经典流布之处，经常隐形而作拥护，使该地没有任何忧难。也护念听闻这部经典的各个国王和人民，除去他们的患难，让他们都得到安乐，他方的怨贼敌人也使其退散。如果有国王听这部经时，邻国的怨敌起念想：可以发起象、马、车、步四兵袭击其国土。世尊！因为这部《金光明经》威神力的缘故，这时，邻国敌人突然出现异常怨敌造作灾难之事，扰乱其国，在国中引起种种的灾异、流行疾疫等衰败忧恼事；这时，如果怨敌在发生这么多内乱变故的情况下依然发出四兵，向这个国家进兵征伐，我们这时将与成百上千、无量无边的鬼神部从，于无形中帮助保护这个国家，让怨敌的兵众中生起种种恐怖畏惧，遇到种种的阻难，自然退散。敌国的兵众尚不能到，何况能够有所破坏。"

尔时佛赞四天王等："善哉！善哉！汝等四王，乃能拥护我百千亿那由他劫所可修习阿耨多罗三藐三菩提，及诸人王受持是经恭敬供养者，为消衰患，令其安乐。复能拥护宫殿舍宅，城邑村落，国土边疆，乃至怨贼悉令退散，灭其衰恼，令得安隐。亦令一切阎浮提内所有诸王无诸凶衰斗讼之事。四王当知，此阎浮提八万四千城邑聚落、八万四千诸人王等，各于其国娱乐快乐，各各于国而得自在；于自所有钱财珍宝，各各自足，不相侵夺，如其宿世所修集业，随业受报，不生恶心，贪求他国；各各自生利益之心，生于慈心、安乐之心、不诤讼心、不破坏心、无系缚心、无楚挞心[①]，各于其土，自生爱乐，上下和睦，犹如水乳，心相爱念，增诸善根。以是因缘故，此阎浮提安隐丰乐，人民炽盛，大地沃壤，阴阳调和，时不越序，日月星宿不失常度，风雨随时，无诸灾横；人民丰实，自足于财，心无贪吝，亦无嫉妒，等行十善；其人寿终多生天上，天宫充满，增益天众。若未来世有诸人王听是经典，及供养恭敬受持是经四部之众[②]，是王则为安乐利益汝等四王及余眷属无量百千诸鬼神等。何以故？汝等四王，若得时时闻是经典，则为已得正法之水，服甘露味，增益身力，心进勇锐，具诸威德。是诸人王，若能至心听受是经，则为已能供养于我，若供养我则是供养过去未来现在诸佛，若能供养过去未来现在诸佛，则得无量不可思议功德之聚。以是因缘，是诸人王应得拥护，及后妃采女、中宫眷属、诸王子等亦应得护[③]，衰恼消灭，快乐炽盛；宫殿堂宇安隐清净，无诸灾变，护宅之神增长威德，亦受无量欢悦快乐。是诸国土所有人民，悉

受种种五欲之乐，一切恶事悉皆消灭。”

注释：

①挞（tà）：用鞭子或棍子打。

②四部之众：指佛弟子的出家二众（比丘、比丘尼）和在家二众（优婆塞、优婆夷）。

③采女：原为汉代六宫的一种称号，因其选自民家，故曰“采女”。后用作宫女的通称。中宫：皇后居住之处。因以借指皇后。

译文：

这时佛称赞四天王等说：“善哉！善哉！你们四天王，能够拥护我百千亿那由他劫所应修习阿耨多罗三藐三菩提，并拥护受持及恭敬供养这部经的国王，为他们消除患难，得到安乐；又能够保护宫殿宅舍、城镇村落、国土边疆，使得怨贼敌人都退散，灭除国中人民的衰耗烦恼，使他们得到安稳；也使得南阎浮提内所有国王没有凶险、衰败、争讼、战斗之事。四天王你们应当知道，此南阎浮提的八万四千城镇村落、八万四千大小国王等，各自在其国内欢娱快乐，各在国内得到自在；各自拥有丰足的钱财珍宝，都心怀自足，不相侵夺。能够各自安于过去世所修福业而领受的现世果报，不生恶心，贪求他国的丰足受用。各自生出利益他人的心、慈悲的心、安乐的心、不诤讼的心、不破坏的心、无系缚鞭挞他人的心。各在他们的土地上，生出爱乐之心，上下和睦相处，犹如水乳交融，心相爱念，增长

善根。由于这个因缘，南阎浮提安稳丰乐，人口繁多，土地肥沃，阴阳调和，时不越序。日月星宿，不失常度，风雨随时，无诸灾横。人民丰实，自足于财，心无贪吝，亦无嫉妒，都能够平等地奉行十善业。人命寿终的时候，多数生于天上，使得天众增加，天宫充满。如果未来世的时候，若有国王听闻这部经典，以及恭敬供养受持这部经的四部众，这个国王将为你们四天王及无量百千的鬼神眷属部从等带来安乐和利益。为什么呢？你们四天王，如果能够时时听闻这部经典，即是得到了正法之水、甘露上味的滋润，增益了身心力量，勇猛无畏，具足种种威德。这些国王，如果能至心听闻受持这部经，即是已经供养了我，如果供养我，即是供养过去未来现在诸佛，如果供养过去未来现在诸佛，就会得到无量不可思议的大功德之汇聚。因为这个因缘，这些国王应得到拥护，以及后宫的妃嫔宫女眷属和诸王子等也应得到拥护，使得衰败烦恼消灭，快乐增盛。宫殿堂宇安稳清净，没有任何灾变，护宅之神也增长威德，也受到无量的欢悦快乐。这个国土的所有人民都享受种种五欲快乐，一切恶事全部消灭。”

尔时四天王白佛言：“世尊！未来之世，若有人王欲得护身及后妃采女、诸王子等、宫殿屋宅，得第一护，身所王领，最为殊胜，具不可思议王者功德，欲得摄取无量福聚，国土无有他方怨贼，无诸忧恼及诸苦事。世尊！如是人王，不应放逸散乱其心，应生恭敬谦下之心，应当庄严第一微妙最胜宫宅，种种香汁持用洒地，

散种种华，敷大法座师子之座，兼以无量珍奇异物而为校饰，张施种种无数微妙幢幡宝盖。当净洗浴，以香涂身，着好净衣，缨络自严，坐卑小座，不自高大；除去自在；离诸放逸，谦下自卑，除去骄慢，正念听受，如是妙典，于说法者，生世尊想。复于宫内后妃王子采女眷属生慈哀心，和颜与语，劝以种种供养之具供养法师。是王尔时既劝化已，即生无量欢喜快乐，心怀悦豫，倍复自励，不生疲倦，多作利益，于说法者倍生恭敬。”

译文：

此时四大天王又对佛说：“世尊！未来世的时候，如果有国王想要保护自身以及后宫的妃嫔宫女、诸王子和宫殿屋宅，得到最上第一的护佑，所治理的国土最为殊胜安乐，具有不可思议的王者功德，想要获得无量的福德，国土中没有他方怨敌的侵扰，也没有任何忧恼痛苦之事。世尊！如果国王想要得到这样的殊胜功德，就不要放逸散乱自心，应生恭敬谦下的心，布置一个微妙最胜、第一庄严的宫殿，以种种香汁洒地，散种种鲜花，敷设大狮子法座，座上装饰以无量的珍奇宝物，悬挂种种无数的微妙幢幡、宝盖。洗浴净洁，以香涂身，穿着新净衣，佩戴璎珞；坐卑小座，不自高自大。舍去随意，远离放逸，谦下自卑，除去骄慢，正念听受这部妙典，把说法法师视作如同世尊一样。又于宫内的后妃、王子、宫女眷属等，生哀愍慈悲之心，和颜软语，劝他们以种种供养之具供养法师。这个国王在劝化供养之后，即生出无量的欢喜快乐，欢悦盈怀，倍加自励，没有疲倦，多作供养利益，对说法法师倍生恭敬。”

尔时佛告四天大王：“尔时人王应着白净鲜洁之衣，种种缨络齐整庄严，执持素帛微妙上盖，服饰容仪不失常则，躬出奉迎说法之人。何以故？是王如是随其举足步步之中，即是供养值遇百千亿那由他诸佛世尊，复得超越如是等劫生死之难，复于来世尔所劫中，常得封受转轮王位。随其步步，亦得如是现世功德不可思议自在之力。常得最胜极妙七宝人天宫殿，在在生处，增益寿命，言语辩了，人所信用；无所畏忌，有大名称，常为人天之所恭敬，天上人中受上妙乐；得大势力，具足威德，身色微妙，端严第一；常值诸佛，遇善知识，成就具足，无量福聚。汝等四天王！如是人王见如是等种种无量功德利益，是故此王应当躬出奉迎法师，若一由旬至百千由旬[①]，于说法师应生佛想。应作是念，今日释迦如来正智入于我宫，受我供养，为我说法，我闻是法即不退转于阿耨多罗三藐三菩提，已为得值百千万亿那由他佛，已为供养过去未来现在诸佛，已得毕竟三恶道苦，我今已种百千无量转轮圣王释梵之因，已种无边善根种子，已令无量百千万亿诸众生等度于生死，已集无量无边福聚，后宫眷属已得拥护，宫宅诸衰悉已消灭，国土无有怨贼棘刺，他方怨敌不能侵陵。汝等四王！如是人王应作如是供养正法，清净听受是妙经典，及恭敬供养、尊重赞叹持是经典四部

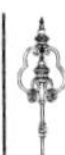

之众，亦当回此所得最胜功德之分，施与汝等及余眷属诸天鬼神，聚集如是诸善功德，现世常得无量无边不可思议自在之利，威德势力成就具足，能以正法摧伏诸恶。”

注释：

①由旬：印度的里程单位。梵语yojana，又译作“逾缮那”、“逾阇那”等。意译为“一程”。原指牡牛挂轭行走一日的里程。但有关此一日里程的距离，有四十里、三十二里、十六里、十二里等多种说法。

译文：

这时佛又对四大天王说：“这时那个国王应该穿着白净鲜洁的衣服，佩戴种种璎珞，齐整庄严，亲手执持素白微妙宝伞盖，服饰仪容具足国王的仪仗，亲自出宫奉请迎接说法法师。为什么要这样做呢？如果这个国王这样做，那么他在举足下足的步步之中，即是供养、承事百千亿那由他的诸佛世尊，同时也得以超越同等劫数的生死之难，又于来世同样的劫数之中，常得到转轮王尊位；随着他举足下足的步步之中，也得到了现世不可思议的功德和自在之力，经常得到最胜极妙的七宝人天宫殿，所在生处，寿命增益，言语清辩，人所信用；无所畏惧，有大名称，常为人天所恭敬。天上人中享受上妙快乐；得大势力，具足威德，身相奇妙，端严无比；常值遇诸佛，遇到善知识，成就具足无量的福聚。你们四天王啊！这个国王，见到这样无量种种的功德利益，因此这个国王应当亲自奉迎法师，从一由旬至百千由旬，于说法师应生佛想。应这样观想，今天是释迦牟尼如来正遍知来到我宫殿，受我供养，为我说法，我闻法后，即不退转于阿耨多罗三藐三菩提，即是值遇百千万亿那由他的佛，即是供养过去未来现在诸佛，已经究竟脱离三恶道苦；我今天已经种下了百千无量的转轮圣王及帝释天主、大梵天主的因，已种下了无量的善根种子，已使得无量百千万亿的众生度脱生死，已聚集了无量无边的福德；后宫眷属已得到拥护，宫殿屋宅的种种衰败悉已消灭，国土没有如棘刺般的怨贼，他方的敌人也不能侵扰。四天王啊！这个国王，应该这样供养正法，以清净的因缘听受这部微妙经典，并恭敬供养、尊重赞叹受持这部经典的四部众，也应该把所得最胜功德的一部分回向布施给你们四天王及眷属部从等诸天鬼神，聚集不可思议的善法功德，现世常得无量无边不可思议的自在之利，威德势力成就具足，能以正法摧伏诸恶。”

尔时四王白佛言：“世尊！若未来世有诸人王作如是等恭敬正法，至心听受是妙经典，及恭敬供养尊重赞叹持是经典四部之众，严治舍宅，香汁洒地，专心正念听说法时，我等四王亦当在中共听此法，愿诸人王为自利故，以己所得功德少分施与我等。世尊！是诸人王于说法者所坐之处，为我等故烧种种香供养是经，是妙香气于一念顷即至我等诸天宫殿，其香即时变成香盖，其香微妙，金色晃耀，照我等宫，释宫、梵

宫，大辩天神、功德天神、坚牢地神、散脂鬼神最大将军、二十八部鬼神大将、摩醯首罗、金刚密迹、摩尼跋陀鬼神大将、鬼子母与五百儿子周匝围绕、阿耨达龙王、娑竭罗龙王，如是等众自于宫殿各各得闻是妙香气，及见香盖光明普照，是香盖光明亦照一切诸天宫殿。”佛告四王：“是香盖光明非但至汝四王宫殿。何以故？是诸人王手擎香炉供养经时[①]，其香遍布，于一念顷遍至三千大千世界；百亿日月、百亿大海、百亿须弥山、百亿大铁围山小铁围山及诸山王、百亿四天下、百亿四天王、百亿三十三天、乃至百亿非想非非想天[②]，于此三千大千世界百亿三十三天，一切龙、鬼、乾闼婆、阿修罗、迦楼罗、紧那罗、摩睺罗伽宫殿，虚空悉满种种香烟云盖，其盖金光亦照宫殿。如是三千大千世界所有种种香烟云盖，皆是此经威神力故。是诸人王手擎香炉供养经时，种种香气不但遍此三千大千世界，于一念顷亦遍十方无量无边恒河沙等百千万亿诸佛世界，于诸佛上虚空之中亦成香盖，金光普照，亦复如是。诸佛世尊闻是妙香，见是香盖及金色光，于十方界恒河沙等诸佛世界，作如是等神力变化已，异口同音于说法者称赞：善哉善哉！大士！汝能广宣流布如是甚深微妙经典，则为成就无量无边不可思议功德之聚。若有闻是甚深经典所得功德则为不少，况持读诵为他众生开示分别演说其义。何以故？善男子！此金光明微妙经典，无量无边亿那由他诸菩萨等若得闻者，即不退于阿耨多罗三藐三菩提。”尔时十方无量无边恒河沙等诸佛世界现在诸佛，异口同声作如是言：“善男子！汝于来世必定当得坐于道场菩提树下，于三界中最尊最胜，出过一切众生之上。勤修力故，受诸苦行，善能庄严菩提道场，能坏三千大千世界外道邪论，摧伏诸魔怨贼异形，觉了诸法第一寂灭清净无垢甚深无上菩提之道。善男子！汝已能坐金刚座处③，转于无上诸佛所赞十二种行甚深法轮④，能击无上最大法鼓，能吹无上极妙法螺，能竖无上最胜法幢，能然无上极明法炬，能雨无上甘露法雨，能断无量烦恼怨结，能令无量百千万亿那由他众度于无涯可畏大海，解脱生死无际轮转，值遇无量百千万亿那由他佛。”

注释：

①擎（qíng）：持举。

②铁围山：又作“铁轮围山”、“轮围山”。佛教的世界观以须弥山为中心，其周围共有八山八海围绕，最外侧围绕须弥四洲外海之山为铁所成之山，称铁围山。或谓大中小三千世界，各有大中小之铁围山环绕。三十三天：即忉利天。在佛教的宇宙观中，此天位居欲界第二天的须弥山顶上，中央宫殿（善见城）为帝释天所住，四方各有八城，加中央一城，合为三十三天城。非想非非想天：又作非非想天、非有想非无想处天、非想非非想处天。乃无色界之第四天，无色相，以所系的受想行识等四蕴为其

自性。此天位于三界九地之顶上，故又称有顶天。

③金刚座：指佛陀成道时所坐之座，位于中印度摩揭陀国伽耶城南之菩提树下。以其犹如金刚一般坚固不坏，故称“金刚座”。据《大唐西域记》卷八载，菩提树垣正中有金刚座，昔贤劫初成时，与大地俱起，据三千大千世界中，下极金轮，上侵地际，金刚所成，周百余步，贤劫千佛坐之而入金刚定，故称金刚座。

④十二种行甚深法轮：指佛成道后最初在鹿野苑为五比丘说法，三转四谛法轮，即示转四相、劝转四相、证转四相，故有十二行相。

译文：

这时四天王对佛说：“世尊！如果未来世有国王如此恭敬正法，至心听受这部微妙经典，并恭敬供养、尊重赞叹受持这部经典的四部众，布置庄严的宫殿，香汁洒地等等，这样专心正念听闻说法的时候，我们四天王也会在其中一起听闻这部经法；愿诸国王为了自利，把自己所得的功德少分些许回向布施给我们。世尊！这些国王在说法法师所坐之处，为我们烧种种名香，供养此经。此妙香气，在一念之间即到达我们诸天的宫殿，这时香气都变成香盖，香气微妙，金色晃耀，照耀我们的宫殿，乃至帝释天、大梵天、大辩天神、功德天神、坚牢地神、散脂鬼神最大将军、二十八部鬼神大将、摩醯首罗、金刚密迹、摩尼跋陀鬼神大将、鬼子母及五百儿子周匝围绕、阿耨达龙王、娑竭罗龙王等诸天部众，也各自在宫殿中闻到了妙香气，并看到香盖光明普照。这个香盖的光明也照耀了一切诸天的宫殿。”佛告诉四天王说:“这个香盖的光明,不是只到达你们四天王的宫殿。为什么呢?当这个国王手端香炉供养这部经的时候,香气遍布,于一念之间遍至三千大千世界;百亿日月、百亿大海、百亿须弥山、百亿大铁围山、小铁围山及诸山王,百亿四天下、百亿四天王、百亿三十三天、乃至百亿非想非非想天,于此三千大千世界百亿三十三天,一切龙、鬼、乾闼婆、阿修罗、迦楼罗、紧那罗、摩睺罗伽的宫殿虚空中,都布满了种种的香云盖,发出金光,照耀宫殿。这样三千大千世界中所有的种种香云盖,都是此经威神力的缘故。当国王手端香炉供养这部经的时候,种种香气不但遍至三千大千世界,也于一念间遍至十方无量无边恒河沙等百千万亿的诸佛世界,在诸佛世界的虚空中,也形成香盖,也是金光普照。诸佛世尊闻到了妙香,见到了这个香盖及金色光,在十方界恒河沙等诸佛世界中作这样的神力变化,都异口同声地对说法者给予称赞:善哉!善哉!大士!你能广宣流布这样的甚深微妙经典,将会成就无量无边不可思议的功德之聚。如果有人能够听闻到这部甚深经典,所得的功德即为不少,何况能够受持、读诵,为其他众生开示,分别演说其义。为什么呢?善男子,这部《金光明》微妙经典,无量无边亿那由他的诸菩萨等,如果听闻到,即不退转于阿耨多罗三藐三菩提。”这时,十方无量无边恒河沙诸佛世界中的现在诸佛,都异口同声说:“善男子!你于来世必定当得坐于道场菩提树下,于三界中最尊最胜,出过一切众生之上,勤修诸法,行诸苦行,以善德庄严菩提道场,能够摧破三千大千世界的一切外道邪论,摧伏一

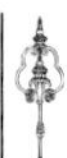

切可畏形状的魔军怨贼等，觉了诸法第一寂灭、清净无垢、甚深无上的正等菩提。善男子！你将坐于金刚座上，转于诸佛所赞无上十二妙行甚深法轮，能击无上最大法鼓，能吹无上极妙法螺，能竖无上最胜法幢，能燃无上极明法炬，能降无上甘露法雨，能断无量烦恼怨结；能令无量百千万亿那由他的众生，度于无涯可畏大海，解脱生死无际轮回，值遇无量百千万亿那由他诸佛。"

尔时四天王复白佛言："世尊！是金光明微妙经典，能得未来现在种种无量功德。是故人王若得闻是微妙经典，则为已于百千万亿无量佛所种诸善根，我以敬念是人王故，复见无量福德利故，我等四王及余眷属无量百千万亿鬼神，于自宫殿见是种种香烟云盖瑞应之时，我当隐蔽不现其身，为听法故，当至是王所，至宫殿讲法之处。大梵天王、释提桓因、大辩天神、功德天神、坚牢地神、散脂鬼神大将军等二十八部鬼神大将、摩醯首罗、金刚密迹、摩尼跋陀鬼神大将、鬼子母及五百儿子周匝围绕、阿耨达龙王、娑竭罗龙王、无量百千万亿那由他鬼神诸天[①]，如是等众为听法故，悉自隐蔽不现其身，至是人王所止宫殿讲法之处。世尊！我等四王及余眷属无量鬼神，悉当同心以是人王为善知识，同共一行，善相应行，能为无上大法施主，以甘露味充足我等，我等应当拥护是王，除其衰患，令得安隐，及其宫宅国土城邑诸恶灾患，悉令消灭。世尊！若有人王，于此经典心生舍离，不乐听闻，其心不欲恭敬供养尊重赞叹，若四部众有受持读诵讲说之者，亦复不能恭敬供养尊重赞叹，我等四王及余眷属无量鬼神即便不得闻此正法，背甘露味，失大法利，无有势力及以威德，减损天众，增长恶趣。世尊！我等四王及无量鬼神舍其国土，不但我等，亦有无量守护国土诸旧善神皆悉舍去。我等诸王及诸鬼神既舍离已，其国当有种种灾异，一切人民失其善心，唯有系缚嗔恚斗诤[2]，互相破坏，多诸疾疫，彗星现怪，流星崩落，五星诸宿违失常度，两日并现，日月薄蚀[3]，白黑恶虹数数出现，大地震动，发大音声，暴风恶雨，无日不有，谷米勇贵，饥馑冻饿，多有他方怨贼侵掠其国，人民多受苦恼。其地无有可爱乐处。世尊！我等四王及诸无量百千鬼神并守国土诸旧善神远离去时，生如是等无量恶事。世尊！若有人王，欲得自护及王国土多受安乐，欲令国土一切众生悉皆成就具足快乐，欲得摧伏一切外敌，欲得拥护一切国土，欲以正法正治国土，欲得除灭众生怖畏。世尊！是人王等应当必定听是经典，及恭敬供养读诵受持是经典者。我等四王及无量鬼神以是法食善根因缘，得服甘露无上法味，增长身力，心进勇锐，增益诸天。何以故？以是人王至心听受是经典故，如诸梵天说出欲论，释提桓因种种善论，五通之

人神仙之论④。世尊！梵天、释提桓因、五神通人虽有百千亿那由他无量胜论，是金光明于中最胜。所以者何？如来说是金光明经，为众生故，为令一切阎浮提内诸人王等以正法治，为与一切众生安乐，为欲爱护一切众生，欲令众生无诸苦恼，无有他方怨贼棘刺，所有诸恶背而不向，欲令国土无有忧恼，以正法教，无有诤讼。是故人王各于国土，应然法炬，炽然正法，增益天众。我等四王及无量鬼神，阎浮提内诸天善神，以是因缘得服甘露法味充足，得大威德进力具足，阎浮提内安隐丰乐，人民炽盛，安乐其处。复于来世无量百千不可思议那由他劫，常受微妙第一快乐。复得值遇无量诸佛，种诸善根，然后证成阿耨多罗三藐三菩提。得如是等无量功德，悉是如来正遍知说。如来过于百千亿那由他诸梵天等，以大悲力故；亦过无量百千亿那由他释提桓因，以苦行力故。是故如来为诸众生演说如是金光明经。若阎浮提一切众生及诸人王，世间出世间所作国事，所造世论皆因此经。欲令众生得安乐故，释迦如来示现是经广宣流布。世尊！以是因缘故，是诸人王应当必定听受供养恭敬尊重赞叹是经。"

注释：

①释提桓因：即忉利天（三十三天）的天主，略称"帝释"，又作"天帝释"、"天主"。并有"因陀罗"、"憍尸迦"、"娑婆

婆”、“千眼”等异称。住于须弥山顶上。忉利天舍有三十三天宫,帝释天住在中央的善见城(又作喜见城)统领一切,周围环绕着三十二天宫,分别由三十二位辅臣镇守。大辩天神:义净译“大辩才天女”。此天专以智慧辩才流通佛法。功德天神:义净译“大吉祥天女”。为施福德、财宝的女神。坚牢地神:乃主掌大地的女神。散脂鬼神大将军:散脂,梵名Samjneya,音译“僧慎尔耶”。又作“散脂迦大将”、“散支大将”或“散脂鬼神”,义净译为“僧慎尔耶药叉大将”。意译作“正了知”。系北方毗沙门天王八大将之一,二十八部众之总司。此大将护持佛法不遗余力,率二十八部药叉诸神,随处隐形拥护说法师及救护诸善男信女,离苦得乐。摩醯首罗:即大自在天。此天原为婆罗门教之主神湿婆,然进入佛教后,即成为佛教之守护神,称为“大自在天”,住在第四禅天。金刚密迹:又称“密迹金刚”、“密迹力士”、“金刚力士”、“金刚手”、“执金刚”等。总为执金刚杵现大威势拥护佛法之天神的通称。摩尼跋陀鬼神大将:夜叉八大将之一。译曰“宝贤”、“满贤”。鬼子母:夜叉女之一。音译“诃利帝”、“诃利帝母”。意译又作“欢喜母”、“鬼子母”、“爱子母”。《根本说一切有部毗奈耶杂事》卷三十一载,鬼子母神生五百子,因前生有恶邪愿,故常啖食王舍城中之幼儿,人皆恶之而求佛。佛乃将鬼子母之幼子藏于钵中。鬼子母神不见其幼子,悲恸万分。佛乃诫云:汝仅失五百子中之一小儿,犹忧伤若是,而汝食他人之子,其父母之苦如何?鬼子母神闻后皈佛,立誓为安产与幼儿之保护神,并接受佛陀“拥护诸伽蓝及僧尼住处令得安乐”之咐嘱。阿耨达龙王:八大龙王之一。“阿耨达”意为“无

恼热”或“清凉”。在一切马形龙王中，其德最胜。因住阿耨达池（无热池），离三患，故得此名。娑竭罗龙王：又作“娑伽罗龙王”。娑竭罗，意译为海。八大龙王之一。依其所住之海而得名。龙宫居大海底，纵广八万由旬，七重宫墙，七重栏楯，七重罗网，七重行树，周匝皆以七宝严饰，无数众鸟和鸣。然诸龙皆为金翅鸟所食，仅娑竭罗龙王、难陀龙王等十六龙王幸免此难。此龙为降雨龙神，古来祈雨皆以之为本尊。

②系缚：又作“结缚”。指众生之身心为烦恼、妄想或外界事物所束缚而失去自由，长时流转于生死之中。

③薄（bó）：迫近。蚀（shí）：亏缺。

④五通之人：指修仙学而得五种神通的人。

译文：

这时四天王又对佛说：“世尊！这部《金光明》微妙经典，能得未来现在种种的无量功德。因此国王若是听闻这部微妙经典，即是已经于百千万亿无量佛所种下了种种善根。我因为敬念这个国王，也因为将获无量福德利益的缘故，我们四天王及眷属，还有无量百千万亿的鬼神，在自己的宫殿看到种种香云盖瑞应之时，即隐蔽不现身形，为了听法，来到国王宫殿的讲法之处。大梵天王、帝释天王、大辩天神、功德天神、坚牢地神、散脂鬼神大将军等二十八部鬼神大将、摩醯首罗、金刚密迹、摩尼跋陀鬼神大将、鬼子母及五百儿子周匝围绕、阿耨达龙王、娑竭罗龙王等无量百千万亿那由他的鬼神诸天等众，也为了听法，都隐蔽不现身形，来到国王宫殿的讲法之处。世尊！我等四天王及余眷属无量鬼神，都善行相应，一心以这位国王为善知识，能作为无上大法的施主，以甘露法味令我们充足，我们应当拥护此王，除去衰患，令得安稳，所有国土城邑宫宅的各种灾患恶事，全部令其消灭。世尊！若有国王，对这部经典心生舍离，不乐听闻，心中不愿意恭敬供养、尊重赞叹这部经，四部众中有受持读诵讲说者也不能恭敬供养、尊重赞叹，我等四天王及余眷属无量鬼神，便不能听闻到这一正法，得不到甘露法味滋润，失去听闻大法的利益，不能增长势力及威德，使得天众减少，恶趣增长。世尊！我等四天王及无量鬼神即舍离他的国土，不但我们舍离而去，无量守护国土的诸旧善神也都舍离而去。我等诸天王及诸鬼神既舍离之后，这个国土当有种种灾异，一切人民失去善心，唯有烦恼系缚身心，嗔恨斗争，互相谋害，疾疫流行，彗星出现，流星崩落，五星诸宿失去常度，两日并现，日月薄蚀，白黑二恶虹屡屡出现；大地震动，发出大音声，暴风恶雨，无日不有，谷米短缺，价格昂贵，人民遭受饥馑冻饿；他方怨敌趁机侵掠其国，人民多受苦难。这个国土没有任何安乐之处！世尊！我等四天王及诸无量百千鬼神，并守护国土的诸旧善神，远离舍去国土时发生这样的无量恶事。世尊！若有国王想自身得到保护及王国土中多有安乐，想使国土中的一切众生都具足快乐，想摧伏一切外敌，使得一切国土得到保护，想以正法治理国土，除灭众生的所有怖畏。世尊！这个国王应当一定要听闻这部经典，并恭敬供养读诵受持这部经典的人。我等四天王及无量鬼神，因为听闻《金光明经》的法食因缘，得服无上甘露法味，增长身心力量，勇猛无畏，诸天得到增益。为什么呢？因为这位国王至心听受这部经典的缘故。如大梵天说出的种种出欲论、帝释天说出的种种善论、具有五神通的人说出的神仙之论，世尊！大梵天、帝释天及具有五神通的人，虽然也有百千亿的无量论说，然而在各种论说中《金光明经》最为殊胜。为什么呢？如来说这部《金光明经》，为了一切众生的缘故。为了令一切南阎浮提的国王以正法治世，为了给予一切众生安乐，为了保护一切众生，使得众生没有任何苦恼，没有他方怨敌的侵扰；所有诸恶悉皆离去，使得国土没有忧恼，以正法教化，没有诤讼相斗。所以，国王各于国土，应当燃大法炬，兴隆正法，增益天众。我等四天王及无量鬼神、南阎浮提的诸天善神，因为这个因缘，得服甘露法味，得大威德，种种势力具足，南阎浮提内安稳丰乐，人民繁盛，普得安乐。又于未来世无量百千不可思议那由他劫数，常受微妙第一快乐。又得值遇无量诸佛，种下种种善根，然后证成阿耨多罗三藐三菩提。这样种种无量的功德，都是如来正遍知宣说的。如来以大悲力超过百千亿那由他的梵天众，以苦行力胜过无量百千亿那由他的帝释天众，所以如来为诸众生，演说这部《金光明经》。阎浮提一切众生及各位国王，所有世间出世间的正法治化之事，都依据此经。为了普令众生得到安乐，释迦如来宣说此经，广为流布。世尊！因为这个因缘，世间国王应当一定要听闻供养、恭敬尊重赞叹此经。”

尔时佛复告四天王：“汝等四王及余眷属无量百千那由他鬼神，是诸人王，若能至心听是经典，供养恭敬尊重赞叹，汝等四王正应拥护，灭其衰患，而与安乐。若有人能广宣流布如是妙典，于人天中大作佛事，能大利益无量众生，如是之人，汝等四王必当拥护，莫令他缘而得扰乱，令心恬静，受于快乐，续复当得广宣是经。”

尔时四天王即从座起，偏袒右肩，右膝着地，长跪合掌，于世尊前以偈赞曰：

佛月清净，满足庄严，佛日晖曜，放千光明[①]。
如来面目，最上明净，齿白无垢，如莲华根；
功德无量，犹如大海，智渊无边，法水具足，
百千三昧，无有缺减；足下平满，千辐相现[②]，
足指网缦，犹如鹅王；光明晃耀，如宝山王，
微妙清净，如炼真金，所有福德，不可思议，
佛功德山，我今敬礼。
佛真法身，犹如虚空，应物现形，如水中月，
无有障碍，如焰如化，是故我今，稽首佛月。

尔时世尊，以偈答曰：

此金光明，诸经之王，甚深最胜，为无有上，
十力世尊，之所宣说，汝等四王，应当勤护。
以是因缘，是深妙典，能与众生，无量快乐，
为诸众生，安乐利益，故久流布，于阎浮提，
能灭三千，大千世界，所有恶趣，无量诸苦。
阎浮提内，诸人王等，心生慈愍，正法治世，
若能流布，此妙经典，则令其土，安隐丰熟，

所有众生，悉受快乐。
若有人王，欲爱己身，及其国土，欲令丰盛，
应当至心，净洁洗浴，往法会所，听受是经。
是经能作，所有善事，摧伏一切，内外怨贼，
复能除灭，无量怖畏。
是诸经王，能与一切，无量众生，安隐快乐。
譬如宝树，在人家中，悉能出生，一切珍宝，
是妙经典，亦复如是，悉能出生，诸王功德；
如清冷水，能除渴乏，是妙经典，亦复如是，
能除诸王，功德渴乏；譬如珍宝，异物箧器，
悉在于手，随意所用，是金光明，亦复如是，
随意能与，诸王法宝。
是金光明，微妙经典，常为诸天，恭敬供养，
亦为护世，四大天王，威神势力，之所护持，
十方诸佛，常念是经。
若有演说，称赞善哉，亦有百千，无量鬼神，
从十方来，拥护是人。
若有得闻，是妙经典，心生欢喜，踊跃无量，
阎浮提内，无量大众，皆悉欢喜，集听是经，
听是经故，具诸威德，增益天众，精气身力。

尔时四天王闻是偈已，白佛言："世尊！我从昔来未曾得闻如是微妙寂灭之法。我闻是已，心生悲喜，涕泪交流，举身战动，肢节怡解，复得无量不可思议具足

妙乐。”以天曼陀罗华、摩诃曼陀罗华供养奉散于如来上[③]。作如是等供养佛已，复白佛言：“世尊！我等四王，各各自有五百鬼神，常当随逐是说法者而为守护！”

注释：

①佛月、佛日：佛月，喻应身；佛日，喻报身。《金光明经文句》：“初一行叹三身。夫三身有通别。依文是别：空是法身，日是报身，月是应身。通意者，空是法身，日是报身，水日是应身。空是法身，月是报身，水月是应身。……依结叹文，空是法身，月是报身，水月是应身。空是法身，日是报身，焰是应身。”

②千辐相：指具足千辐轮之妙相，乃佛三十二相之一。又称“足下轮相”、“足下千辐轮相”。即佛足下纹样分明之千辐轮宝妙相。此相感得之业因，乃佛于过去世为父母、师长、善友乃至一切众生，往返奔走，作种种供养及布施之事。

③曼陀罗华：音译又作“曼陀勒华”、“曼那罗华”等。佛典译为“适意”、“成意”、“杂色”等名。又称“佛花”、“颠茄”、“闷陀罗草”、“天茄弥陀花”。此植物茎高三、四尺，枝叶皆似茄子。此华在印度向来被当作是天界的花。其花大者，称为“摩诃曼陀罗华”。

译文：

这时佛又告诉四天王说：“你们四天王及无量百千那由他鬼神眷属，如果世间的人王能够至心听闻这部经典，供养恭敬、尊重赞叹，你们四天王应当拥护，灭除他们的衰败忧患，给予安乐。如果有人能够广为宣说流布这部妙经，于人天中大作佛事，能大利益无量众生，这样的人，你们四天王一定要拥护，不要让其他的外缘来扰乱，使他的身心寂静安乐，能够继续广为宣说流布此经。

这时四大天王即从座位起来，偏袒右肩，右膝着地，长跪合掌，在世尊前，以偈赞叹说：

佛月清净具庄严，佛日晖耀千光明。
眉目修长若青莲，齿白齐密如莲根；
功德无量如大海，智慧无边法水具。
百千三昧无缺减；足下平满辐相现，
足指网缦如鹅王；佛身光耀如宝山，
微妙清净融金聚，所有福德不思议，
佛功德山我敬礼！
佛真法身如虚空，应物现形如水月，
如焰如化不可测，故我稽首礼佛月！

这时世尊以偈回答说：

此《金光明》最胜经，甚深微妙无有上，
十力世尊所宣说，四大天王常拥护。
以此因缘令众生，获得无量安稳乐。
为利有情安乐故，常得流通南阎浮，
能灭三千大千界，所有恶趣无量苦。
南阎浮提诸国王，心念正法治世间，
若能流布此妙经，则令国土得丰熟，
所有众生得安乐。

若有国王求尊贵，欲令国土常丰乐，
应当澡浴着净衣，至心听受此妙经，
随心所愿悉皆从，内外怨贼悉摧伏，
无量怖畏灭无余。
由此最胜经王力，无量众生得安稳。
犹如宝树在家中，能生一切诸珍宝，
是妙经典亦如是，能与国王胜功德；
如清凉水除干渴，是妙经典亦如是，
能与国王甘露味；如人室有珍宝箧，
随意受用悉在手，是《金光明》亦如是，
能与国王如意宝。
是《金光明》妙经典，常为诸天所供养，
亦为护世四天王，威神势力之护持。
十方常住一切佛，咸共护念此经王，
若有演说称赞者，无量鬼神护是人。
若有人能听此经，身心踊跃生欢喜，
阎浮提内无量众，亦皆欢喜听此经，
由听经故具威德，增益一切天人众。

这时，四大天王听了偈语之后，对佛说："世尊！我们往昔以来没有听闻过这样甚深微妙的法。我们听了以后，心生悲喜，涕泪交流，全身颤动，手足怡然，又得到了无量不可思议的妙乐。"于是以天曼陀罗华、大曼陀罗华，撒在世尊身上。这样供养佛之后，又对佛说："世尊！我们四大天王，各自有五百鬼神部从，将常常跟随宣说此经的法师，并给予守护。"

大辩天神品第七

大辩天神，义净译作大辩才天女，此天专以智慧辩才流通佛法。此品叙述大辩天神向佛陀宣说护法誓言，令宣说本经的说法者获得总持妙慧辩才，广为流布此经，使得听闻此经的人都获得大智慧、大辩才、大福德等果报。

尔时大辩天白佛言："世尊！是说法者我当益其乐说辩才，令其所说，庄严次第，善得大智。若是经中有失文字，句义违错，我能令是说法比丘次第还得，能与总持[①]，令不忘失。若有众生于百千佛所种诸善根，是说法者为是等故，于阎浮提广宣流布是妙经典，令不断绝。复令无量无边众生得闻是经，当令是等悉得猛利不可思议大智慧聚，不可称量福德之报，善解无量种种方便，善能辩畅一切诸论，善知世间种种技术，能出生死得不退转，必定疾得阿耨多罗三藐三菩提。"

注释：

①总持：即能总摄忆持无量佛法而不忘失之念慧力。有法、义、咒、忍等四种总持。

译文：

这时大辩天对佛说："世尊！那些宣说《金光明经》的法师，我将增益他的说法意乐和辩才，使他的宣说义理谨严，得大智慧。若对经中的文字句义有错失的地方，我能使这位说法比丘依次纠正，并使他得到总持大智，对于经义毫无忘失。若有众生在百千佛前种下了善根，因为这个善因，说法者在阎浮提广为宣说流布这部妙经，使不断绝。又使无量无边的众生能够听闻此经，使他们得到猛利不可思议的大智慧聚、不可称量的福德果报，善解无量种种的方便，善能论辩通达一切诸论，善知世间的种种技术，能出离生死，得不退转果位，必定速得阿耨多罗三藐三菩提。"

功德天品第八

功德天神，义净译作大吉祥天女，经中记述为布施福德、财宝的女神，在《散脂鬼神品》中称为“第一威德成就众事大功德天”。本品叙述功德天向佛陀宣说护法誓言，给予宣说本经的说法者增益财物等一切所需，成就一切吉祥。又讲述了功德天供养仪轨法。天台宗金光明忏法中（见《国清百录》之五），极为重视功德天，在释迦像左边首先安置功德天座，如果道场宽大，更安置大辩天、四天王座在释迦像右边。

尔时功德天白佛言：“世尊！是说法者，我当随其所须之物，衣服饮食、卧具医药及余资产，供给是人，无所乏少，令心安住，昼夜欢乐，正念思惟是经章句，分别深义。若有众生于百千佛所种诸善根，是说法者为是等故，于阎浮提广宣流布是妙经典，令不断绝。是诸众生听是经已，于未来世无量百千那由他劫，常在天上人中受乐，值遇诸佛，速成阿耨多罗三藐三菩提，三恶道苦悉毕无余。世尊！我已于过去宝华功德海琉璃金山照明如来、应供、正遍知、明行足、善逝、世间解、无上士、调御丈夫、天人师、佛、世尊所种诸善根[①]，是故我今随所念方，随所视方，随所至方，能令无量百千众生受诸快乐。若衣服饮食资生之具，金银七宝、真珠、琉璃、珊瑚、琥珀、璧玉、珂贝，悉无所乏。若有人能称金光明微妙经典，为我供养诸佛世尊，三称我名，烧香供养，供养佛已，别以香华种种美味供施于我，洒散诸方，当知是人即能聚集资财宝物，以是因缘，增长地味，地神诸天，悉皆欢喜，所种谷米芽茎枝叶果实滋茂；树神欢喜，出生无量种种诸物。我时慈念诸众生故，多与资生所须之物。世尊！于此北方毗沙门天王有城名曰阿尼曼陀[②]，其城有园名功德华光，于是园中有最胜园，名曰金幢七宝极妙，此即是我常止住处。若有欲得财宝增长，是人当于自所住处，应净扫洒，洗浴其身，着鲜白衣，妙香涂身，为我至心三称彼佛宝华琉璃世尊名号，礼拜供养，烧香散华，亦当三称金光明经，至诚发愿；别以香华种种美味，供施于我，散洒诸方。尔时当说如是章句：

波利富楼那遮利　三曼陀达舍尼罗佉　摩诃毗呵罗伽帝　三曼陀毗陀那伽帝　摩诃迦梨波帝　波婆祢萨婆哆呞　三曼陀　修钵梨富隶　阿夜那达摩帝　摩诃毗鼓毕帝　摩诃弥勒簸僧祇帝　醯帝簁三博祇悕帝　三曼陀阿咃　阿䨲婆罗尼[③]

是灌顶章句，必定吉祥，真实不虚。等行众生及中善根，应当受持，读诵通利。七日七夜受持八戒[④]，朝暮净心，香华供养十方诸佛。常为己身及诸众生，回向具足阿耨多罗三藐三菩提，作是誓愿：令我所求皆

得吉祥。自于所居房舍屋宅净洁扫除，若自住处，若阿兰若处[5]，以香泥涂地，烧微妙香，敷净好座，以种种华香布散其地，以待于我。我于尔时如一念顷，入其室宅，即坐其座，从此日夜令此所居，若村邑、若僧坊、若露地[6]，无所乏少。若钱、若金银、若珍宝、若牛羊、若谷米，一切所须即得具足，悉受快乐。若能以己所作善根最胜之分回与我者，我当终身不远其人，于所住处至心护念，随其所求令得成就。应当至心礼如是等诸佛世尊，其名曰：宝胜如来、无垢炽宝光明王相如来、金焰光明如来、金百光明照藏如来、金山宝盖如来、金华焰光相如来、大炬如来、宝相如来。亦应敬礼信相菩萨、金光明菩萨、金藏菩萨、常悲菩萨、法上菩萨。亦应敬礼东方阿閦如来、南方宝相如来、西方无量寿佛、北方微妙声佛。"

注释：

①应供：梵语 arhat 或 arhant，音译"阿罗汉"、"阿罗诃"，又译为"应"。为佛十号之一。谓佛已断尽一切烦恼，智德圆满，应受人天供养而无愧德。《成唯识论》释，谓应永害烦恼怨贼，应受世间微妙供养，应不复受分段生死，故得"应"名。《瑜伽师地论》云："已得一切所应得义，应作世间无上福田，应为一切恭敬供养，是故名应。"又"阿罗汉"原具三义，曰杀贼，曰无生，曰应供，为声闻乘人极果所共有；在佛的十号中，以"应

永害一切烦恼怨贼”的断德圆满而立称。明行足：梵语，音译“鞞侈遮罗那三般那”，意译“明行圆满”或“明行足”，为佛十号之一。“明”，指智证；“行”指实践修行，佛于二者圆满具足，故得是称号。善逝：梵语 sugata，音译作“修伽陀”、“苏揭多”、“修伽多”，为佛十号之一。也译为“善去”、“善解”、“善说无患”、“好说”、“好去”等。“逝”，是“去”或“到”义；“善”，是有不退转或究竟无余义。由不退转义，安稳而逝，说名“善逝”。外道异学虽也有得定得通，但其功德定会退失，不名善逝；二乘有学、无学所得功德虽不退失，然非圆满通达一切所知境，也不名“善逝”。于此二义唯佛为最，故立是号。世间解：梵语，音译“路伽惫”，意译作“知世间”，为佛十号之一。佛常以佛眼洞察世间诸有情类之升沉诸趣，方便济拔，置人天路，趣涅槃城。故佛于世间，不唯洞解有情世间，亦能洞解非情的器世间，以是智德号“世间解”。故《瑜伽师地论》说，佛是“善知世界及有情界，一切品类染净相故，名世间解。”无上士：梵语 anuttara，音译“阿耨多罗”，佛十号之一。又作“无上”、“无上丈夫”。如来之智德，于人中最胜，无有过之者，故称无上士。又涅槃法无上，佛自知之，如诸法中涅槃无上，佛于众生中亦最胜无上。调御丈夫：梵语 purusa-damya-sarathi，音译“富楼沙昙藐娑罗提”，佛十号之一。意指可化导一切丈夫之调御师。《瑜伽师地论》言：“一切世间唯一丈夫，善知调心最胜方便，是故名无上士调御丈夫。”显示出佛化有情随机设教的功德。天人师：梵语 sastadevamanusyanam，音译作“舍多提婆魔菟舍喃”，如来十号之一。谓佛说法利生事业所依止处，唯

天与人二趣，度天、人者众，度余道者寡。有情诸趣中，唯人与天是能堪受佛法的法器，也唯佛能教导令其受益，故佛称为天人之师。《瑜伽师地论》言："能正教诫，教授天人，令其离一切众苦，是故说佛名人天师。"佛：梵语 buddha 之音译，音译"佛陀"、"佛驮"、"休屠"、"浮陀"、"浮屠"、"浮图"等。意译"觉者"、"知者"、"觉"，"觉悟真理者"之意。亦即具足自觉、觉他、觉行圆满，如实知见一切法之性相，成就等正觉的圣者。一是约断德圆满，二是约悲德圆满，三是约智德圆满，故得"佛陀"称号。世尊：梵语，音译"薄伽梵"，又译作"婆伽婆"、"婆哦缚帝"等，意译作"世尊"，如来十号之一。《大乘义章》卷十二说："佛备众德，为世钦重，故号世尊"。即为世间所尊重者之意，亦指世界中之最尊者。在印度一般用为对尊贵者之敬称，即"富有众德、众佑、威德、名声、尊贵者"之意，若于佛教，则特为佛陀之尊称。

②阿尼曼陀：依义净译，名为"有财"。

③䨲（nóu）：译音用字。

④八戒：又作八关戒斋、八分斋戒、八支斋戒等。指在家二众于六斋日受持一日一夜的出家戒律，是佛陀为在家弟子所制定暂时出家之学处。所谓：受持远离杀生（杀有情之生命）、不与取（取他不与之物）、非梵行（男女之媾合）、虚诳语（与心相违之言说）、饮诸酒、眠坐高广大床（坐卧于高广严丽之床座上）、涂饰香鬘及歌舞观听（身涂香饰花鬘，观舞蹈，听歌曲）、非时食（午后之食）等八戒。八戒中前七支为戒，后一支不非时食为斋，合称八关斋戒。关者，禁闭之义，受持八戒，能闭一切诸恶趣

门，长养出世善根。又因受此八戒，近于僧伽或阿罗汉而住，故又称近住律仪。

⑤阿兰若处：译为“远离处”、“寂静处”、“最闲处”、“无诤处”。即距离聚落一定距离而适于修行的山林、荒野空闲处。

⑥僧坊：又作“僧房”。僧尼所住之坊舍。亦指寺院。

译文：

这时功德天对佛说：“世尊！对于受持、宣说《金光明经》的人，我当供养他的所须之物，如衣服、饮食、卧具、医药及其余种种资用，不使缺少；令他能够昼夜安乐而住，正念思维这部妙经的文句，分别经中甚深义理。若有众生在百千佛前种下了善根，因为这个善因，说法者在阎浮提广为宣说流布这部妙经，令不断绝。这些众生听闻这部经后，于未来世无量百千那由他劫中，常在天上人间享受快乐，值遇诸佛，速成阿耨多罗三藐三菩提，三恶道苦全部灭除无余。世尊！我已于过去宝华功德海琉璃金山照明如来、应供、正遍知、明行足、善逝、世间解、无上士、调御丈夫、天人师、佛、世尊所种下了善根，所以我今随心念所念，随目光所及，随行走所至，能令无量百千的众生享受快乐，如衣服饮食等资生用具，金银七宝、珍珠琉璃、珊瑚、琥珀、璧玉、珂贝，都没有缺少。若有人能称赞读诵《金光明》微妙经典，为我供养诸佛世尊，并三称我名，烧香供养。供养佛后，另外以种种香华、美味，供养于我，洒散在各个方位，当知此人即能够聚集资财和宝物。因为这个因缘也能够增长地味，地神和诸天神都欢喜，所种的谷米枝叶荣茂，果实累累；树神欢喜,生出无量种种果实。我在这慈心愍念众生,多给予他们生活所需之物。世尊!在此北方毗沙门天王有一个城名叫阿尼曼陀,城中有一个园名叫功德华光园,园中又有一个最殊胜的园,名叫金幢七宝极妙园,这里是我经常住的地方。如果有人想要得到财宝增长,应当在自己住处洒扫清净,洗浴身体,穿新净白衣,妙香涂身,为我至心三称彼佛宝华琉璃世尊的名号,礼拜供养,烧香散华;亦当三称《金光明经》,至诚发愿;另以种种香华、美味供养于我,洒散在各个方位。同时念诵咒语:

波利富楼那遮利　三曼陀达舍尼罗佉　摩诃毗呵罗伽帝　三曼陀毗陀那伽帝　摩诃迦梨波帝　波婆祢萨婆哆咟　三曼陀　修钵梨富隶　阿夜那达摩帝　摩诃毗鼓毕帝　摩诃弥勒簸僧祇帝　醯帝簁三博祇悕帝　三曼陀阿咃　阿羗婆罗尼

念诵这个咒语,必定吉祥,真实不虚。中等善根的众生,应该受持这个咒语,流利读诵,七日七夜受持八关斋戒,早晚净心,以香华供养十方诸佛,常为自己及一切众生回向,愿成就阿耨多罗三藐三菩提。这样回向发愿之后,令所有希求,皆得圆满成就。自于所住屋宅房舍扫除洁净,或在自己住处,或在阿兰若处,用香泥涂地,烧微妙香,敷设庄严好座,以种种香华撒在地上,来等待我。我于这一念之间就进入屋内,坐其座上,接受供养。从此之后,使这一方,不论是村落、道场,或阿兰若处,随所希求,没有缺少。金银财宝、牛羊谷米等一切所需资财都得到满足,获得快乐。如果能把这样做所获的最殊胜功德的一部分回向给我,我会终身不远离这人,对于他的住处,至

心护念，随他有所希求，都令得到成就。应当至心礼敬如是等诸佛世尊，其名为：宝胜如来、无垢炽宝光明王相如来、金焰光明如来、金百光明照藏如来、金山宝盖如来、金华焰光相如来、大炬如来、宝相如来，也应礼敬信相菩萨、金光明菩萨、金藏菩萨、常悲菩萨、法上菩萨，也应敬礼东方阿閦如来、南方宝相如来、西方无量寿佛、北方微妙声佛。”

坚牢地神品第九

坚牢地神，经中记述为主掌大地的女神。本品叙述坚牢地神向佛陀宣说护法誓言，若有本经所在之处，使地味增长，出生地利，百谷药草树木的花果滋茂，美色香味悉皆具足，土地丰饶，人民富庶；并昼夜护卫说法者，广为流布此经。

尔时地神坚牢白佛言："世尊！是金光明微妙经典，若现在世，若未来世，在在处处，若城邑聚落，若山泽空处，若王宫宅；世尊！随是经典所流布处，是地分中敷师子座，令说法者坐其座上，广演宣说是妙经典，我当在中常作宿卫[①]，隐蔽其身于法座下，顶戴其足。我闻法已，得服甘露无上法味，增益身力，而此大地深十六万八千由旬，从金刚际至海地上，悉得众味增长具足，丰壤肥浓过于今日。以是之故，阎浮提内药草树木根茎枝叶华果滋茂，美色香味皆悉具足，众生食已增长寿命，色力辩安，六情诸根具足通利，威德颜貌端严殊特。成就如是种种等已，所作事业多得成办，有大势力，精勤勇猛。是故世尊！阎浮提内安隐丰乐，人民炽盛，一切众生多受快乐，应心适意，随其所乐。是诸众生得是威德大势力已，能供养是金光明经，及恭敬供养持是经者四部之众，我于尔时当往其所，为诸众生受快乐故，请说法者广令宣布如是妙典。何以故？世尊！是金光明若广说时，我及眷属所得功德倍过于常，增长身力，心进勇锐。世尊！我服甘露无上味已，阎浮提地纵广七千由旬丰壤倍常。世尊！如是大地，众生所依，悉能增长一切所须之物；增长一切所须物已，令诸众生随意所用，受于快乐，种种饮食、衣服、卧具、宫殿屋宅、树木林苑、河池井泉，如是等物依因于地，悉皆具足。是故世尊！是诸众生为知我恩应作是念，我当必定听受是经，供养恭敬，尊重赞叹。作是念已，即从住处，若城邑聚落、舍宅空地，往法会所听受是经。既听受已，还其所止，各应相庆，作如是言：我等今者闻此甚深无上妙法，已为摄取不可思议功德之聚，值遇无量无边诸佛，三恶道报已得解脱，于未来世常生天上人中受乐。是诸众生各于住处，若为他人演说是经，若说一喻一品一缘，若复称叹一佛一菩萨一四句偈乃至一句，及称是经首题名字；世尊！随是众生所住之处，其地具足丰壤肥浓，过于余地；凡是因地所生之物，悉得增长，滋茂广大，令诸众生受于快乐，多饶财宝，好行惠施，心常坚固深信三宝。”

尔时佛告地神坚牢：“若有众生，乃至闻是金光明经一句之义，人中命终随意往生三十三天。地神！若有众生，为欲供养是经典故，庄严屋宅，乃至张悬一幡一盖及以一衣，欲界六天已有自然七宝宫殿[②]，是人命

终即往生彼。地神！于诸七宝宫殿之中，各各自然有七天女，共相娱乐，日夜常受不可思议微妙快乐。”

尔时地神白佛言：“世尊！以是因缘，说法比丘坐法座时，我常昼夜卫护不离，隐蔽其形在法座下，顶戴其足。世尊！若有众生于百千佛所种诸善根，是说法者为是等故，于阎浮提广宣流布是妙经典，令不断绝。是诸众生听是经已，未来之世无量百千那由他劫，于天上人中常受快乐，值遇诸佛，疾成阿耨多罗三藐三菩提，三恶道苦悉断无余。”

注释：

①宿（sù）卫：这里指昼夜守卫。

②欲界六天：佛教世界观中有欲界、色界、无色界三界，欲界有六重天，称为“六欲天”：一、四王天，即四大天王之天。二、忉利天，即三十三天。三、夜摩天，译言时分天。四、兜率天，译言喜足天。五、乐变化天。六、他化自在天。此中四王天在须弥山之半腰，忉利天在须弥山之顶，因此称为“地居天”，兜率天已上住在空中，谓之“空居天”。

译文：

这时地神坚牢对佛说：“世尊！这部《金光明》微妙经典，假若现在世、未来世，在在处处，不论在城邑村落，或山林空闲阿兰若处，或王宫殿堂处；世尊！如有这部经典流布之处，如果在其处布置了狮子宝座，请说法者坐在座上，广演宣说这部微妙经典，我将会在其中常作护卫，隐蔽身形在法座下，顶戴说法者之足，我听闻法后，得以服食无上甘露法味，增益身力，喜悦无量。自身得到这样的利益后，也使得大地深至十六万八千由旬，从金刚轮际至海面及陆地上，地味都得到增益，土壤肥沃浓厚倍过平时；由此使得阎浮提内的所有树木药草及种种花果苗稼都根茎丰壮，枝叶繁茂，华果滋盛，美色香味，悉皆具足。众生吃了地上的种种果实庄稼之后，身体健壮，寿命增长，身心灵活勇健，六根明利安和，容貌端严，威德具备。所作事业，多得成功，精勤勇猛，有大势力。世尊！因为这个因缘，阎浮提内人民繁盛，安稳丰乐，身心欢悦，一切众生多受快乐。此方众生得到这样的威德大势力后，能供养这部《金光明经》，并恭敬供养受持这部经的四部众，这时我会到受持这部经的四部众的住所，为了让众生得到种种利益安乐，劝请说法者广为宣说此微妙经典。为什么呢？世尊！这部《金光明经》广为宣说的时候，我及眷属所得的功德超过寻常多倍，增长身力，勇猛无畏。世尊！我尝到无上甘露法味之后，阎浮提地上深广七千由旬的土地丰饶肥沃数倍平常。世尊！大地是众生的依住之处，能够增长一切所需之物，使得所有众生种种资用，随意即得，皆受安乐。种种饮食衣服卧具、宫殿屋宅、树木林苑、河池井泉等物，因为地味增长，都全部具足了。世尊！因此这些众生了知我的恩德之后，应该有这样的心念，我应该一定听闻受持此经，供养恭敬、尊重赞叹此经。这样思维之后，即从城邑村落或阿兰若住处，前往法会处听受此经；在听闻受持之后，回到住处，相互

庆贺，都这样说，我们今天听闻了无上甚深妙法，即是已经获得了不可思议的大功德藏，将来会遇到无量无边的诸佛，三恶道苦报永远解脱，未来世常生天上人中，得受快乐。那时这些听闻此经的人，各自在自己的住处为他人演说这部经的内容。如果演说了经中的一个比喻、一品或一个因缘；或者又称叹了一佛、一菩萨、一四句偈、乃至于一个句子，或者读了这部经的经首题名；世尊！那么这些众生的所住之处，土地具足丰饶肥沃超过其余地方；凡是此地所有的生长之物，全部得到增长，广大丰茂，使得众生得到快乐，财宝丰足，好行布施，深信三宝，信念坚固。”

这时佛对地神坚牢说：“如果有众生，乃至于听闻了这部《金光明经》的一句之义，人间命终之后，随意往生三十三天。地神！若有众生为了供养这部经典，庄严布置屋宅，乃至悬挂一个幡，张设一伞盖，欲界六天已经自然生出七宝宫殿，此人命终即往生到那里。地神！在那些七宝宫殿中，各各自然有七天女，一起娱乐，日夜常受不可思议的微妙快乐。”

这时地神对佛说：“世尊！因为这个因缘，当说法比丘坐在法座宣说此经时，我常昼夜护卫不离，隐蔽身形在法座下，顶戴其足。世尊！若有众生在百千佛前种下了善根，因为这个善因，说法者在阎浮提广为宣说流布这部妙经，使不断绝。这些众生听闻这部经后，于未来世无量百千那由他劫中，常在天上人间享受快乐，值遇诸佛，速成阿耨多罗三藐三菩提，三恶道苦全部灭除无余。”

卷　三

散脂鬼神品第十

散脂，梵名 Samjneya，音译“僧慎尔耶”。散脂鬼神，又作“散脂迦大将”、“散支大将”或“散脂鬼神大将军”，义净译为“僧慎尔耶药叉大将”。意译作“正了知”，即了知一切诸法体性差别。系北方毗沙门天王八大将之一，二十八部众之总司。此大将护持佛法不遗余力，率二十八部药叉诸神，随处隐形拥护说法师及救护诸善男信女，离苦得乐。本品叙述散脂大将向佛陀宣说护法誓言，若有本经所在之处，正了知散脂大将及所率领的二十八部鬼神众则拥护说法者，令消灭诸恶，获得不可思议的功德聚。

尔时散脂鬼神大将及二十八部诸鬼神等，即从座起，偏袒右肩，右膝着地，白佛言：“世尊！是金光明微妙经典，若现在世及未来世，在在处处，若城邑聚落，若山泽空处，若王宫宅，随是经典所流布处，我当与此二十八部大鬼神等往至彼所，隐蔽其形，随逐拥护是说法者，消灭诸恶，令得安隐；及听法众，若男、若女、童男童女，于是经中乃至得闻一如来名、一菩萨名及此经典首题名字，受持读诵，我当随侍宿卫拥护，悉灭其恶，令得安隐；及国邑城郭，若王宫殿、舍宅空处，皆

亦如是。世尊！何因缘故，我名散脂鬼神大将？唯然世尊，自当证知。世尊！我知一切法，一切缘法；了一切法，知法分齐。如法安住，一切法如性，于一切法含受一切法①。世尊！我现见不可思议智光、不可思议智炬、不可思议智行、不可思议智聚、不可思议智境②。世尊！我于诸法正解正观，得正分别，正解于缘，正能觉了③。世尊！以是义故，名散脂大将。世尊！我散脂大将，令说法者庄严言辞，辩不断绝，众味精气从毛孔入，充益身力，心进勇锐，成就不可思议智慧，入正忆念。如是等事悉令具足，心无疲厌，身受诸乐，心得欢喜。以是意故，能为众生广说是经。若有众生，于百千佛所种诸善根，说法之人为是众生，于阎浮提内广宣流布是妙经典，令不断绝。无量众生闻是经已，当得不可思议智聚，摄取不可思议功德之聚，于未来世无量百千劫，人天之中常受快乐，于未来世值遇诸佛，疾得证成阿耨多罗三藐三菩提，一切众苦，三恶趣分，永灭无余。南无宝华功德海琉璃金山光照如来、应供、正遍知！南无无量百千亿那由他庄严其身释迦如来、应供、正遍知，炽然如是微妙法炬！南无第一威德成就众事大功德天！南无不可思量智慧功德成就大辩天。"

注释：

①"我知一切法"至"于一切法含受一切法"数句：按，此

段文字标点颇难，文义难以确定。笔者依据《文句》的句读标点为："我知一切法、一切缘法。了一切法（《文句》云此是从假入空观也），知法分齐（《文句》云此是从空入假观）。如法安住，一切法如性，于一切法含受一切法（《文句》云此是中道第一义谛观）。"义净译文为："我知诸法，我晓一切法。随所有一切法，如所有一切法。诸法种类，体性差别。"依大乘义，一切法不出两类：如所有性，即是诸法的体性；尽所有性，即是诸法的差别种类、各别自性。此段文字虽然标点颇难，但要义不出此二：一是了知一切法的体性——空性实相，此是如所有性；二是了知一切法的差别种类、各别自性，此是尽所有性。此段及下文的五智光，不同宗派有不同解释。或以二智解释，或以天台宗三观三智解释，或以唯识之四智解释，或以密乘五智解释。

②现见：指证悟到了此种境界，故译作现量亲证见。

③"我于诸法正解正观"四句：这里五种正解观，有不同解释。《文句》配合佛之三身解释。

译文：

这时，散脂鬼神大将及二十八部诸鬼神众等，即从座位起来，偏袒右肩，右膝着地，对佛说："世尊！这部《金光明》微妙经典，假若现在世，或未来世，在在处处，不论在城邑村落，或山林空闲阿兰若处，或王宫殿堂处，如有这部经典流布之处，我将与此二十八部大鬼神等，来到说法之处，隐蔽身形，昼夜跟随卫护这个说法的人，灭除一切恶，让他们得到安稳。又听法的会众，不论是男是女、童男童女，在这部经中乃至听闻了一如来名号、一菩萨名号以及这部经典的题名等，受持读诵，我将日夜跟随卫护，灭除一切恶，让他们得到安稳。不论在国土城邑，在王宫殿宇、还是在舍宅空处，我也都会同样保护。世尊！是什么因缘，我名叫正了知散脂鬼神大将。是的，世尊！其中的因缘，佛心中知。世尊！我了知一切法、一切因缘所生之法，通达一切法之空性实相及其分齐差别；如其法性安住，一切法性相如如，于一切法中含受一切法。世尊！我现量亲证见不可思议智光、不可思议智炬、不可思议智行、不可思议智聚、不可思议智境。世尊！我对于诸法能够正解、正观，得正分别，正解因缘，能正知觉。世尊！因此缘故，我名叫正了知散脂大将。世尊！我散脂大将，能使宣说《金光明经》的说法者言辞精辟究竟，辩才无尽，具足庄严；无形的精气从毛孔进入，身心精力充足，威神勇健；成就不可思议智慧，得正忆念，如此等事全部具足。心无疲厌，身受诸乐，心得欢喜。因为有这样的意乐心，所以能为众生广说此经。若有众生在百千佛前种下了善根，说法者为了众生得利益而在阎浮提广为宣说流布这部妙经，令不断绝。无量众生听闻这部经后，将得到不可思议智境，集积不可思议功德，于未来世无量百千那由他劫中，常在天上人间享受快乐，值遇诸佛，速疾证得阿耨多罗三藐三菩提，三恶道苦永远灭除无余。南无宝华功德海琉璃金山光照如来、应供、正遍知！南无无量百千亿那由他庄严其身释迦如来、应供、正遍知，点燃如此微妙大法炬！南无第一威德成就众事大功德天！南无不可思量智慧功德成就大辩天！”

正论品第十一

《金光明经》以护国之经著名，但本品却赋予了国王以正法治理国家的重要责任，没有把国家治乱的责任完全置于宗教式的天神护国一边，恰当地说明了二者的因缘关系。本品讲述在过去世中，力尊相王对其子信相讲述的治世正论，是一个很具体实在的正法治世正论。要点有二：一是遮止十恶，推行十善；二是不得放纵亲近眷属的奸恶而不治理，应当亲疏平等，以正法治理。本品阐述了人王被称为天子的理由是，需以正法治世，如此则会得到诸天拥护，风雨随时，无诸灾祸，国土丰实，人民安乐；如果人王不以正法治世，不行平等，亲近恶小，不修善事，则诸天远离不护，导致灾难、疾疫、战乱生起，国家败乱。这与中国传统儒家的天人感应思想颇有相通之处。对于国家治乱、人民安乐幸福的切实关注是本品的一大特点。

尔时佛告地神坚牢："过去有王名力尊相，其王有子名曰信相，不久当受灌顶之位[①]，统领国土。尔时父王告其太子信相：'世有正论，善治国土。我于昔时曾为太子，不久亦当绍父王位，尔时父王持是正论，亦为我说。我以是论于二万岁善治国土，未曾一念以非法行，于自眷属，情无爱著。'何等名为治世正论？地神！尔时力尊相王为信相太子说是偈言：

我今当说，诸王正论，为利众生，断诸疑惑，
一切人王，诸天天王，应当欢喜，合掌谛听。

诸王和合，集金刚山[②]，护世四镇[③]，起问梵王：

大师梵尊，天中自在，能除疑惑，当为我断，
云何是人，得名为天，云何人王，复名天子，
生在人中，处王宫殿，正法治世，而名为天。

护世四王，问是事已，时梵尊师，即说偈言：

汝今虽以，此义问我，我要当为，一切众生，
敷扬宣畅，第一胜论。
因集业故，生于人中，王领国土，故称人王。
处在胎中，诸天守护，或先守护，然后入胎，
虽在人中，生为人王，以天护故，复称天子。
三十三天，各以己德，分与是人，故称天子。
神力所加，故得自在，远离恶法，遮令不起，
安住善法，修令增广，能令众生，多生天上。
半名人王，亦名执乐，罗刹魁脍[④]，能遮诸恶；
亦名父母，教诲修善，示现果报，诸天所护[⑤]。
善恶诸业，现在未来，现受果报，诸天所护。
若有恶事，纵而不问，不治其罪，不以正教，
舍远善法，增长恶趣，故使国中，多诸奸斗，
三十三天，各生嗔恨。
由其国王，纵恶不治，坏国正法，奸诈炽盛，

他方怨敌，竞来侵掠，自家所有，钱财珍宝，
诸恶盗贼，共来劫夺。
如法治世，不行是事，若行是者，其国殄灭[6]。
譬如狂象，踏莲华池，暴风卒起，屡降恶雨，
恶星数出，日月无光，五谷果实，咸不滋茂。
由王舍正，使国饥馑，天于宫殿，悉怀愁恼。
由王暴虐，不修善事，是诸天王，各相谓言：
是王行恶，与恶为伴，以造恶故，速得天嗔，
以天嗔故，不久国败。
非法兵仗，奸诈斗讼，疾疫恶病，集其国土，
诸天即便，舍离是王，令其国败，生大愁恼。
兄弟姊妹，眷属妻子，孤迸流离[7]，身亦灭亡；
流星数堕，二日并现；他方恶贼，侵掠其土，
人民饥饿，多诸疾疫；所重大臣，舍离薨亡[8]；
象马车乘，一念丧灭；诸家财产，国土所有，
互相劫夺，刀兵而死；五星诸宿[9]，违失常度；
诸恶疾疫，流遍其国。
诸受宠禄，所任大臣，及诸群僚，专行非法，
如是行恶，偏受恩遇，修善法者，日日衰灭。
于行恶者，而生恭敬，见修善者，心不顾录，
故使世间，三异并起[10]，星宿失度，降暴风雨；
破坏甘露，无上正法，众生等类，及以地肥。
恭敬弊恶，毁诸善人，故天降雹，饥饿疫病，

谷米果实，滋味衰减，多病众生，充满其国；
甘美盛果，日日损减，苦涩恶味，随时增长；
本所游戏，可爱之处，悉皆枯悴[11]，无可乐者；
众生所食，精妙上味，渐渐损减，食无肥肤。
颜貌丑陋，气力衰微，凡所食啖，不知厌足，
力精勇猛，悉灭无有，懒惰懈怠，充满其国，
多有病苦，逼切其身，恶星变动，罗刹乱行[12]。
若有人王，行于非法，增长恶伴，损人天道，
于三有中，多受苦恼。
起如是等，无量恶事，皆由人王，爱著眷属，
纵之造恶，舍而不治。
若为诸天，所护生者，如是人王，终不为是；
有行善者，得生天中，行不善者，堕在三涂[13]。
三十三天，皆生焦热，由王纵恶，舍而不治，
违逆诸天，及父母敕[14]，不能正治，则非孝子。
起诸奸恶，坏国土者，不应纵舍。当正治罪，
是故诸天，护持是王，以灭恶法，修习善故，
现世正治，得增王位。
应各为说，善不善业，能示因果，故得为王，
诸天护持，邻王佐助。
为自为他，修正治国。
有坏国者，应当正教，为命及国，修行正法，
不应行恶，恶不应纵。

所有余事，不能坏国；要因多奸，然后倾败。
若起多奸，坏于国土，譬如大象，坏莲华池；
怨恨诸天，故天生恼，起诸恶事，弥满其国。
是故应随，正法治世，以善化国，不顺非法，
宁舍身命，不爱眷属，于亲非亲，心常平等，
视亲非亲，和合为一。
正行名称，流布三界，正法治国，人多行善，
常以善心，仰瞻国王；能令天众，具足充满，
是故正治，名为人王。
一切诸天，爱护人王，犹如父母，拥护其子，
故令日月，五星诸宿，随其分齐，不失常度，
风雨随时，无诸灾祸，令国丰实，安乐炽盛，
增益人民，诸天之众。
以是因缘，诸人王等，宁舍身命，不应为恶；
不应舍离，正法珍宝，由正法宝，世人受乐。
常当亲近，修正法者，聚集功德，庄严其身。
于自眷属，常知止足，当远恶人，修治正法，
安止众生，于诸善法，教敕防护，令离不善。
是故国土，安隐丰乐，是王亦得，威德具足，
随诸人民，所行恶法，应当调伏，如法教诏，
是王当得，好名善誉，善能摄护，安乐众生。”

注释:

①灌顶:印度古代国王登基的加冕礼。

②金刚山:这里即指须弥山。

③护世四镇:即四大天王,有护世镇国之功德。

④罗刹魁脍:指能够遮制恶鬼的药叉将等。《文句》云:"魁脍名典军,遮制恶鬼。"

⑤诸天所护:《文句》注释为:半名人王已下答有三义故称半为王:一名执乐者,乐由于王。王执此乐使天下和平,…故执乐者名王。二者遮恶为民除害,…故遮恶名王。三父母者,诲示祸福导语善恶,制礼作乐而民知禁,谁不归德。故父母名之为王。《文句》:护世四大天王发四问:"一问云何呼人为天?二问非天所生而名天子?三问处王宫殿何故名天?四问以人法治世那得名天?"问既有四,答亦为四:"一答天护其入胎,虽是人子而称天子。三十三天各分己德,虽是于人而称为天。虽处人宫殿用天律治世,虽是人主而称为天。虽是人法治世,令众生行善多生天上,以因中说果故称为天。"

⑥殄(tiǎn):灭尽。

⑦迸(bèng):散逃。

⑧薨(hōng):古代诸侯之死称薨。

⑨宿(xiù):星宿。

⑩三异:指风、雨、星三者的异常。

⑪悴(cuì):憔悴。

⑫罗刹(chà):梵语 raksasa,恶鬼之名。又作"罗刹娑"(罗刹婆为误写)、"罗叉娑"等。意译为"可畏"、"速疾鬼"、"护

者”。女则称“罗刹女”、“罗叉私”。男即极丑，女即甚殊美，并皆食啖于人。另有一说谓罗刹系地狱之狱卒，职司惩罚罪人。

⑬三涂：又称“三途”，指火涂、刀涂、血涂，分别对应地狱、饿鬼、畜生三恶趣。谓地狱名火途，火聚多故；畜生名血途，因屡受残害故；饿鬼名刀途，刀杖加于身故。

⑭敕（chì）：告诫。

译文：

那时，佛对地神坚牢说：“过去有一个国王名叫力尊相，国王有儿子名叫信相，不久当受灌顶之位，统领国土。那时父王告诉太子信相说：‘世间有正论，能够很好地治理国家。我以前也是太子，不久也要继承父亲的王位。当时父王给我讲说了这个治世正论，我依着这个治世正论，在两万年中很好地治理着国家，未曾有一念偏离这个正论，施行不合乎正论的政令，对于自己的亲近眷属也没有给予特别偏爱。’为什么名叫治世正论呢？地神！那时力尊相王为信相太子说了如下教言：

我今当说王正论，为利众生断疑惑，
一切人王诸天王，应当欢喜合掌听：

诸王集会金刚山，护世四王问梵王：

大师梵主尊，天中大自在，
愿哀愍我等，为断诸疑惑。
云何处人世，而得名为天；
云何为人王，称名为天子；
云何生人间，或处王宫殿，

或正法治世，亦得名为天？

护世四王请问已，大梵天主为说偈：

护世汝虽以，此义请问我，
我以此机缘，利益一切众，
开演广宣说，第一义胜论。
因集善业故，出生于人中，
统领诸国土，故称为人王。
处在母胎中，诸天共守护，
或先共加护，然后入母胎，
虽在人世中，生而为人王，
由诸天护持，亦得名天子。
三十三天主，各以己天德，
分与此人王，亦得名天子。
由诸天神力，加持得自在，
除灭诸恶法，遮止令不生，
安住于善法，教众生修善，
多数生天上，亦得名为天。
半名为人王，亦名为执乐；
能遮止诸恶，如罗刹魁脍；
教诲令修善，亦名为父母，
现示因果报，诸天所共护。
示其善恶业，现在未来世，
现受诸果报，诸天所共护。
国人造恶业，人王不禁制，

放纵不治罪，不施以正教，
舍离远善法，增长诸恶趣，
故使国土中，奸诈日增多，
三十三天众，咸生愤怒心。
国王不治政，纵恶炽然盛，
坏乱国正法，谄伪行世间，
被他方怨敌，侵掠其国土，
所有资生具，钱财珍宝等，
悉被恶盗贼，共来劫夺去。
如法治世者，不行非正法，
若行非正法，其国将灭亡。
譬如有狂象，践踏莲花池，
亦如暴风起，降注恶霆雨，
妖星多变怪，日月蚀无光，
五谷及花果，果实皆不成。
由王舍正法，国中遭饥馑，
诸天处宫殿，见已生愁恼。
由王行暴虐，不修诸善事，
彼诸天王众，共作如是言：
此王行非法，恶党相亲附，
因造众恶业，诸天皆愤怒；
由诸天愤怒，其国当败亡。
盗贼刀兵起，争斗谋乱生，
恶病及疾疫，流行其国土；

诸天不护念，舍离此国王，
使其国败亡，令生大愁恼。
父母及妻子，兄弟并姊妹，
国乱身流离，生死两不知；
变怪流星坠，二日俱时出，
他方怨敌来，国人遭战乱，
灾荒及饥饿，疾疫并流行；
谋国之重臣，遭枉而身死，
象马车兵乘，转瞬皆散失；
国土及人民，财产遭劫夺，
处处有刀兵，人多非法死；
五星及诸宿，违失于常度，
诸恶病疾疫，流行遍国中。
所任诸大臣，及其官僚众，
恃宠信谄媚，专门行非法，
如此奸恶人，偏受恩宠遇，
而行善法人，日日遭贬退。
见行恶事者，却心生爱敬，
见行善法者，而心不看顾，
因此使世间，三灾异并起，
星宿失常度，非时暴风雨。
失坏甘露味，正法当隐没。
由近奸恶人，舍弃诸善人，
众生及地力，皆得大衰减。

天降下雹雨，饥饿疫病起，
谷米诸果实，滋味都损减，
多病之众生，充满于国中。
园林中树木，先有甘美果，
由此皆损减，苦涩恶味增；
先有妙园林，可爱游戏处，
忽然都枯悴，毫无可乐者；
所食诸稻麦，精妙味渐减，
饭食无滋味，不能增体力；
颜貌光色减，势力尽衰微，
食饮虽然多，不能令饱足。
于其国界中，所有众生类，
少力无勇猛，所作多惰怠；
国人多疾病，众苦逼切身，
妖星鬼魅动，罗刹随处生。
若有诸人王，行于非正法，
亲近于恶人，损减人天道，
于三恶道中，多受诸大苦。
如此无量过，使得国衰乱，
皆因诸人王，宠信奸恶人，
纵容亲眷属，不以正法治。
由诸天加护，生而为人王，
终不行非法，以正法治世。
若人修善行，当得生天中，

若行诸不善，必堕三恶道。
国王纵容恶，舍正不治理，
三十三天众，皆生热恼心；
不顺诸天教，及顺父母言，
不以正法治，则是不孝子。
国中起奸邪，坏乱于国法，
当正法治罪，切勿姑放纵；
因此诸天众，皆护持此王，
灭除诸恶法，劝修习众善，
现世正法治，王位得增固。
应当常宣说，行善劝不善，
示善恶因果，故得作人王；
诸天共护持，邻国互帮助。
为自利利他，治国以正法。
见有坏国法，应当如法治，
假使失王位，及遇害命缘，
终不行恶法，见恶不治理。
害中极重者，无过国坏乱，
起因在奸恶，致使国倾败。
若国起奸恶，将坏乱国土，
譬如恶大象，踏坏莲花池；
诸天生忧恼，共愤不护念，
灾戾不祥起，恶乱满国中。
是故彼人王，应正法治世，

善法治化国，不顺于非法；
宁舍于身命，不宠纵亲眷，
于亲与非亲，心常怀平等，
视亲与非亲，和合为一体。
正行有名称，流布三界中，
正法治国家，人多行善法，
常以善爱心，敬仰于国王；
能令诸天众，增长及充满，
以正法治世，得名为人王。
一切诸天众，爱护此人王，
犹如人父母，常护念其子；
故使诸日月、五星众星宿，
依位随时行，不失于常度；
风雨随时节，无有诸灾祸，
国土皆丰饶，人民得安乐，
一切诸天众，增广得充满。
是故诸人王，当知正法利，
宁舍于身命，也不为恶伴；
不应遂舍离，正法珍宝藏，
由行正法宝，世人得安乐。
应当常亲近，修行正法者，
聚集善功德，庄严于自身。
于亲近眷属，常知有节度，
远谄佞恶人，严修治正法。

常以十善法，教化一切众，
令防护身心，远离十不善。
由此国大治，国土常丰乐，
此王亦将得，具足大威德。
随有国中人，若行诸恶法，
即当予调伏，如法而教化；
人王行正法，当得好名称，
善能护人民，安乐诸众生。”

善集品第十二

本品是对《正论品》内容的续说。《正论》论理，本品叙事，举了释迦牟尼佛的一个本生故事为例，来说明国王尊重供养宣说《金光明经》所带来的功德利益。释迦牟尼佛过去世曾为善集圣王，劝请供养宝冥比丘（阿闳佛前世）敷扬宣说《金光明经》，王闻正法，发愿以满四天下无量珍宝供养，以此因缘，国安民乐，而国王也因此善根而成就了百福庄严的菩提正法之身。

尔时如来复为地神说往昔因缘，而作偈言：

我昔曾为，转轮圣王[①]，舍四大地[②]，及以大海，
又于是时，以四天下，满中珍宝，奉上诸佛，
凡所布施，皆舍所重，不见可爱，而不舍者。
于过去世，无数劫中，求正法故，常舍身命。
又过去世，不可议劫，有佛世尊，名曰宝胜，
其佛世尊，般涅槃后[③]，时有圣王，名曰善集，
于四天下，而得自在，治正之势，尽大海际。
其王有城，名水音尊，于其城中，止住治化，
夜睡梦中，闻佛功德，及见比丘，名曰宝冥，
善能宣畅，如来正法，所谓金光，微妙经典，
明如日中，悉能遍照。

是转轮王，梦是事已，即寻觉寤，心喜遍身，
即出宫殿，至僧坊所，供养恭敬，诸大圣众，
问诸大德，是大众中，颇有比丘，名曰宝冥，
成就一切，诸功德不？
尔时宝冥，在一窟中，安坐不动，思惟正念，
读诵如是，金光明经。
时有比丘，即将是王，至其所止，到宝冥所。
时此宝冥，故在窟中，形貌殊特，威德炽然，
即示王言，是窟中者，即是所问，宝冥比丘，
能持甚深，诸佛所行，名金光明，诸经之王。
时善集王，即寻礼敬，宝冥比丘，作如是言：
面如满月，威德炽然，惟愿为我，敷演宣说，
是金光明，诸经之王。
时宝冥尊，即受王请，许为宣说，是金光明。
三千大千，世界诸天，知当说法，悉生欢喜，
于净微妙，鲜洁之处，种种珍宝，厕填其地，
上妙香水，持用洒之，散诸好华，遍满其处。
王于是时，自敷法座，悬缯幡盖④，宝饰交络，
种种微妙，殊特末香，悉以奉散，大法高座；
一切诸天，龙及鬼神，摩睺罗伽，紧那罗等，
即雨天上，曼陀罗华，遍散法座，满其处所；
不可思议，百千万亿，那由他等，无量诸天，
一时俱来，集说法所。

是时宝冥，寻从窟出，诸天即时，以娑罗华[5]，

供养奉散，宝冥比丘。

是时宝冥，净洗身体，着净妙衣，至法座所，

合掌敬礼，是法高座。

一切天王，及诸天人，雨曼陀罗、大曼陀罗、摩诃曼殊[6]，众妙宝华，

无量百千，种种伎乐，于虚空中，不鼓自鸣。

宝冥比丘，能说法者，寻上高座，结跏趺坐[7]，

即念十方，不可思议，无量千亿，诸佛世尊，

于诸众生，兴大悲心，及善集王，所得王领[8]，

尽一日月，所照之处。

时说法者，即寻为王，敷扬宣说，是妙经典。

是时大王，为闻法故，于比丘前，合掌而立。

闻于正法，赞言善哉！

其心悲悼，涕泪交流，寻复踊悦，心意熙怡。

为欲供养，此经典故，尔时即提，如意珠王[9]，

为诸众生，发大誓愿：愿于今日，此阎浮提，

悉雨无量，种种珍异，瑰奇七宝，及妙璎珞，

以是因缘，悉令无量，一切众生，皆受快乐。

即于尔时，寻雨七宝，及诸宝饰，天冠耳珰[10]，

种种璎珞，甘馔宝座[11]，悉皆充满，遍四天下。

时王善集，即持如是，满四天下，无量七宝，

于宝胜佛，遗法之中，以用布施，供养三宝[12]。

尔时为王，说法比丘，于今现在，阿閦佛是；
时善集王，听受法者，今则我身，释迦文是。
我于尔时，舍此大地，满四天下，珍宝布施，
得闻如是，金光明经，闻是经已，一称善哉，
以此善根，业因缘故，身得金色，百福庄严，
常为无量，百千万亿，众生等类，之所乐见。
既得见已，无有厌足，过去九十，九亿千劫，
常得作于，转轮圣王；亦于无量，百千劫中，
常得王领，诸小国土；不可思议，劫中常作，
释提桓因，及净梵王；复得值遇，十力世尊，
其数无量，不可称计。
所得功德，无量无边，皆由闻经，及称善哉。
如我所愿，成就菩提，正法之身，我今已得。

注释：

①转轮圣王：佛教中的圣王理想。轮王有四种：金轮王、银轮王、铜轮王、铁轮王。铁轮王统摄南方一洲，铜轮王统摄南、西二洲，银轮王统摄南、西、东三洲，金轮王则统摄四洲。金轮王生时现有七宝，即轮宝、象宝、马宝、珠宝、女宝、主藏宝与主兵臣宝，御此宝轮巡游四洲，能以威德感化四天下有情，修十善道，使得世界和平，人民安乐。

②四大地：即四大部洲。

③涅槃：梵语 nirvana，又作“泥洹”、“涅隶槃那”等。意

译作“灭”、“寂灭”、“灭度”、“无生”。与择灭、离系、解脱等词同义。或作“般涅槃”（般，为梵语pari之音译，完全之义，意译作“圆寂”）、“大般涅槃”（大，即殊胜之意。又作“大圆寂”）。指燃烧烦恼之火灭尽，完成悟智（即菩提）的境地。此为超越生死（迷界）之悟界，也是佛教终极的实践目的，故被列为法印之一，称“涅槃寂静”。小乘有有余涅槃、无余涅槃二义，大乘又增加了自性涅槃和无住涅槃二义。

④缯（zēng）：丝帛。

⑤娑罗华：娑罗树之花，其色淡黄。

⑥摩诃曼殊：又译作“柔软华”、“白圆华”、“如意华”、“槛花”、“曼殊颜华”。其花大者，称为“摩诃曼殊沙华”。曼殊沙华为四种天华之一，乃天界花名。其花鲜白柔软，诸天可随意降落此花，以庄严说法道场，见之者可断离恶业。

⑦跏趺（jiāfū）：一种修禅坐法。两足交叉置于左右股上，称“全跏趺坐”。或单以左足押在右股上，或单以右足押在左股上，称“半跏趺坐”。

⑧王领：王所领治的国土。

⑨如意珠王：佛教中传说的一种宝珠。从宝珠出种种所求如意，故名如意。出自龙王或摩竭鱼之脑中，或为佛舍利所变成。

⑩耳珰（dāng）：玉制的耳饰。

⑪甘馔（zhuàn）：美食。

⑫三宝：指为佛教徒所尊敬供养的佛宝、法宝、僧宝等。

译文：

这时如来又为地神讲说往昔的因缘，而作偈说：

我昔曾为转轮王，舍此大地并大海，
又以四洲满珍宝，奉献供养诸如来。
布施皆舍最珍重，如不珍爱即不施，
我于往昔无数劫，为求正法常舍身。
又于过去难思劫，有佛世尊名宝胜，
其佛世尊涅槃后，时有圣王名善集，
为转轮王化四洲，尽大海际得正治，
其王有城水音尊，住此城中行治化。
夜梦闻说佛功德，见有比丘名宝冥，
善能宣畅佛正法，谓《金光明》微妙经，
如日光明悉遍照。
彼王梦此寻觉寤，心生欢喜充遍身，
即出王宫至僧院，恭敬供养诸圣众，
问诸大德僧众中，可有比丘名宝冥，
成就一切功德否？
那时宝冥在一窟，安坐不动持正念，
诵此《金光明》妙经。
时一比丘引导王，至彼宝冥所居处，
见在窟中端身坐，妙相殊胜具威德。
即对国王说此人，即是所寻之比丘，
能持甚深佛所行，《金光明经》诸经王。
善集王即礼宝冥，恭敬合掌赞请说：

面如满月具威德，惟愿为我广宣说，
此《金光明》诸经王。
那时宝冥受王请，许为宣说《金光明》，
三大千界中诸天，闻将说法生欢喜。
王于净妙鲜洁处，种种珍宝而严饰，
上妙香水持洒净，鲜妙杂华遍散布，
王自敷设高法座，幢幡宝盖缯交络，
微妙末香及涂香，悉以奉散大法座，
一切天龙及鬼神，摩睺罗伽、紧那罗，
即雨天上曼陀华，遍散法座满会所。
不可思议千万亿，无量诸天一时来，
俱来集会闻正法。
这时宝冥从窟出，诸天即以娑罗华，
供养奉散大法师。
那时宝冥净浴身，着鲜净衣至法座，
合掌敬礼高法座；一切天王及天人，
雨曼陀罗、大曼陀，摩诃曼殊众妙华，
无量百千诸伎乐，于虚空中出妙声。
那时宝冥说法师，即升法座跏趺坐，
念彼十方诸刹土，百千万亿大慈尊，
亦兴大悲于众生，及善集王所领治，
尽一日月所照处。
那时宝冥即为王，敷扬广说此妙经。
善集恭敬合掌立，一心谛听此正法，

赞叹善哉唱随喜，闻法稀有泪交流，
身心欢喜意熙怡。
为欲供养此经故，彼时王持如意珠，
为诸众生发大愿：愿于今日阎浮提，
普雨无量种种宝，珍妙七宝及璎珞，
以此殊胜之因缘，无量众生得安乐。
即时天遍雨七宝，天冠耳珰种种宝，
璎珞宝座妙饮食，悉皆充遍四天下。
那时国主善集王，以满四洲之七宝，
咸持供养宝胜佛，以及遗法中三宝。
那时说法宝冥者，即今现在阿閦佛，
听受法者善集王，即我释迦牟尼是。
我于昔时舍大地，满四洲宝以布施，
因此得闻此经王，一称善哉心随喜，
以此善业因缘故，身得金色百福严，
常为无量千万亿，众生等类所乐见，
既得见已无厌足。
过去九十九亿劫，常居转轮圣王位；
亦于无量百千劫，常为小国之国王；
亦于不可思议劫，常为帝释、梵天主；
又得值遇十力尊，其数无量不可计。
我闻妙经称善哉，所获福聚量无边，
如我所愿证菩提，妙智法身今已得。

鬼神品第十三

本品是对从《四天王品》至《散脂鬼神品》五品内容的总结，或者说是对全经的法义（正宗分）和诸天护法义（诸天流通分）两部分内容的重新宣说。首先论说了本经甚深功德的依据所在——法性，“若入是经，即入法性，如深法性，安住其中，即于是典，金光明中，而得见我，释迦牟尼”。“金光明”中“金”比喻诸佛法身、诸法法性，这是一切功德之所依，安住法性才是进入本经，真见释迦牟尼佛，这是三世诸佛的“甚深行处”；“光明”比喻法身所起的不可思议力用，故具有无量威德，摧伏一切烦恼怨敌，由此而得诸天拥护。其次讲述了许多诸天神名号及功德，这是后世供天仪轨的主要经典依据。

佛告功德天：“若有善男子善女人，欲以不可思议妙供养具供养过去、未来、现在诸佛世尊，及欲得知三世诸佛甚深行处，是人应当必定至心，随有是经流布之处，若城邑村落、舍宅空处，正念不乱，至心听是微妙经典。”尔时世尊欲重宣此义，而说偈言：

若欲供养，一切诸佛，欲知三世，诸佛行处，
应当往彼，城邑聚落，有是经处，至心听受，
是妙经典。
不可思议，功德大海，无量无边，能令一切，
众生解脱，度无量苦，诸有大海。

是经甚深，初中后善[①]，不可得说，譬喻为比。
假使恒沙，大地微尘，大海诸水，一切诸山，
如是等物，不得为喻。
若入是经，即入法性[②]，如深法性，安住其中，
即于是典，金光明中，而得见我，释迦牟尼；
不可思议，阿僧祇劫，生天人中，常受快乐。
以能信解，听是经故，如是无量，不可思议，
功德福聚，悉已得之。
随所至处，若百由旬，满中盛火，应从中过。
若至聚落，阿兰若处，到法会所，至心听受；
听是经故，恶梦蛊道，五星诸宿，变异灾祸，
一切恶事，消灭无余。
于说法处，莲华座上，说是经典，书写读诵，
是说法者，若下法座，尔时大众，犹见坐处，
故有说者，或佛世尊，或见佛像、菩萨色像，
普贤菩萨、文殊师利、弥勒大士，及诸形像。
见如是等，种种事已，寻复灭尽，如前无异。
成就如是，诸功德已，而为诸佛，之所赞叹。
威德相貌，无量无边，有大名称，能却怨家，
他方盗贼，能令退散，勇捍多力，能破强敌；
恶梦恼心，无量恶业，如是恶事，皆悉寂灭。
若入军阵，常能胜他，名闻流布，遍阎浮提；
亦能摧伏，一切怨敌，远离诸恶，修习诸善，

入阵得胜，心常欢喜。

大梵天王，三十三天，护世四王，金刚密迹，
鬼神诸王，散脂大将，禅那英鬼[③]，及紧那罗，
阿耨达龙，娑竭罗王，阿修罗王，迦楼罗王，
大辩天神，及功德天，如是上首，诸天神等，
常当供养，是听法者，生不思议，法塔之想。
众生见者，恭敬欢喜，诸天王等，亦各思惟，
而相谓言：令是众生，无量威德，皆悉成就。
若能来至，是法会所，如是之人，成上善根。
若有听是，甚深经典，故严出往，法会之处，
心生不可，思议正信，供养恭敬，无上法塔，
如是大悲，利益众生，即是无量，深法宝器，
能入甚深，无上法性。

由以净心，听是经典，如是之人，悉已供养，
过去无量，百千诸佛，以是善根，无量因缘，
应当听受，是金光明。

如是众生，常为无量，诸天神王，之所爱护。
大辩、功德，护世四王，无量鬼神，及诸力士[④]，
昼夜精进，拥护四方，令无灾祸，永离诸苦；
释提桓因，及日月天[⑤]，阎摩罗王[⑥]，风水诸神，
韦陀天神[⑦]，及毗纽天[⑧]，大辩天神，及自在天，
火神等神，大力勇猛，常护世间，昼夜不离；
大力鬼王，那罗延等[⑨]，摩醯首罗，二十八部，

诸鬼神等，散脂为首，百千鬼神，神足大力，拥护是等，令不怖畏；金刚密迹，大鬼神王，及其眷属，五百徒党，一切皆是，大菩萨等，亦悉拥护，听是经者；摩尼跋陀，大鬼神王，富那跋陀，及金毗罗，阿罗婆帝，宾头卢伽，黄头大神[10]，一一诸神，各有五百，眷属鬼神，亦常拥护，听是经者；质多斯那，阿修罗王，及乾闼婆，那罗罗阇，祁那娑婆，摩尼乾陀，及尼揵陀[11]，主雨大神，大饮食神，摩诃伽吒，金色发神，半祁鬼神，及半支罗[12]，车钵罗婆，有大威德，婆那利神，昙摩跋罗，摩竭婆罗，针发鬼神，绣利蜜多，勒那翅奢，摩诃婆那，及军陀遮，剑摩舍帝，复有大神，奢罗蜜帝，醯摩跋陀[13]，萨多琦梨，多醯波醯，阿伽跋罗，支罗摩伽，央掘摩罗，如是等神，皆有无量，神足大力，常勤拥护，听受如是，微妙经者；阿耨达龙，娑伽罗王，目真邻王，伊罗钵王，难陀龙王，跋难陀王，有如是等，百千龙王，以大神力，常来拥护，听是经者，昼夜不离；波利罗睺，阿修罗王，毗摩质多，及以茂脂，睒摩利子[14]，波诃梨子，佉罗骞陀[15]，及以揵陀，是等皆是，阿修罗王，有大神力，常来拥护，听是经者，昼夜不离；诃利帝南，鬼子母等，

及五百神，常来拥护，听是经者，若睡若寤；
旃陀旃陀，利大鬼神，女等鸠罗，鸠罗檀提，
啖人精气，如是等神，皆有大力，常勤拥护，
十方世界，受持经者；大辩天等，无量天女，
功德天等，各与眷属，地神坚牢，种植园林，
果实大神，如是诸神，心生欢喜，悉来拥护，
爱乐亲近，是经典者。
于诸众生，增命色力，功德威貌，庄严倍常，
五星诸宿，变异灾怪，皆悉能灭，无有遗余；
夜卧恶梦，寤则忧悴，如是恶事，皆悉灭尽。
地神大力，势分甚深，是经力故，能变其味，
如是大地，至金刚际，厚十六万，八千由旬，
其中气味，无不遍有，悉令涌出，润益众生；
是经力故，能令地味，悉出地上，厚百由旬，
亦令诸天，大得精气，充益身力，欢喜快乐。
阎浮提内，所有诸神，心生欢喜，受乐无量。
是经力故，诸天欢喜，百谷果实，皆悉滋茂，
园苑丛林，其华开敷，香气馝馞[16]，充溢弥满，
百草树木，生长端直，其体柔软，无有斜戾。
阎浮提内，所有龙女，其数无量，不可思议，
心生欢喜，踊跃无量，在在处处，庄严华池，
于其池中，生种种华，优钵罗华，波头摩华，
拘物头华，分陀利华[17]。

于自宫殿，除诸云雾，令虚空中，无有尘翳，
诸方清彻，净洁明了，日王赫焰，放千光明，
欢喜踊跃，照诸暗蔽；阎浮檀金，以为宫殿，
止住其中，威德无量，日之天子，及以月天，
闻是经故，精气充实。
是日天子，出阎浮提，心生欢喜，放于无量，
光明明网，遍照诸方，即于出时，放大光网，
开敷种种，诸池莲华，阎浮提内，无量果实，
随时成熟，饱诸众生。
是时日月，所照殊胜，星宿正行，不失度数，
风雨随时，丰实炽盛，多饶财宝，无所乏少。
是金光明，微妙经典，随所流布，读诵之处，
其国土境，即得增益，如上所说，无量功德。

注释：

①初中后善：即初善、中善、后善。配合一部经的序分、正宗分、流通分解释，则序分为初善，正宗分为中善，流通分为后善。

②法性：指诸法的真实体性，甚深法界。

③禅那英鬼：按，“禅那英鬼”诸注疏中都没有解释。“散脂大将，禅那英鬼”，疑为一句，意为散脂大将及诸鬼神，所谓“二十八部诸鬼神等，散脂为首”。对照义净译文，没有列一个单独的“禅那英鬼”，其余皆同。

④力士：指金刚力士。或为故密迹金刚力士，或为那罗延，

皆具有大力。

⑤日月天：即日天子与月天子。

⑥阎摩罗王：即俗称“阎罗王”、“阎王魔”、“琰魔王”等，为佛教中冥界之总司，地狱之主神。

⑦韦陀天神：佛教护法神。《金光明经照解》称此天姓韦名琨，乃南方增长天王下八将之一。四王下合三十二将，韦陀为首。此天神生知聪慧，早离欲尘，受佛付嘱护出家众。

⑧毗纽天：意为“遍净天”。印度神话中的天神之一。

⑨那罗延：乃具有大力之印度古神。又作“那罗延那天”、“那罗野拏天”。意译为“坚固力士”、“金刚力士”、“钩锁力士”、“人中力士”、“人生本天”。据慧琳《一切经音义》卷六载，那罗延系欲界中之天名。或谓乃是毗纽天的异名。

⑩黄头大神：本经许多鬼神名注疏中没有解释，不知何意。《金光明经照解》卷二中说：“禅那英鬼、阿罗婆帝、黄头大神、质多斯那、那罗罗阇、祈那娑婆、摩尼乾陀、及尼楗陀、摩诃伽吒、半祈鬼神、婆那利神、针发鬼神、摩诃婆那、及军陀遮、及以茂脂、及以楗陀、旃陀旃陀、利大鬼神、女等鸠罗，以上一十九鬼神名，疏记不翻，古今译梵亦不载，准经中总结云一切皆是大菩萨等，即知并是法身大士权现护教也。”

⑪揵（qián）：译音用字。

⑫攴（pū）：译音用字。

⑬醯（xī）：译音用字。

⑭睒（shǎn）：译音用字。

⑮佉（qū）；译音用字。騫（xiān）：译音用字。

⑯馝馚（bìfén）：浓香，香气浓郁。

⑰优钵罗华、波头摩华、拘物头华、分陀利华：四种都是莲花。或谓优钵罗华为青莲花，波头摩华为赤莲花，拘物头华为黄莲花，分陀利华为盛开的莲花。

译文：

佛对功德天说："若有善男子善女人，想以不可思议的妙供养具供养过去未来现在的诸佛世尊，并想知道三世诸佛的甚深行处，此人应当一定要发至诚心，随有这部《金光明经》流布的地方，不论是在城邑村落舍宅，还是在树林空闲之处，正念不乱，至心听闻这部微妙经典。"那时，世尊再次宣说此义，即说偈语：

若欲供养一切佛，欲知三世佛行处，
当往城邑及聚落，有此经处至心听。
此妙经典难思议，功德大海广无边，
能令众生皆解脱，出离轮回大苦海。
此经初中后皆善，甚深难测不可喻，
恒沙大地析为尘，无边大海之滴水，
无能譬喻其少分。
若入此经即是入，甚深法性安住中，
于此《金光明》妙经，而得见我牟尼尊。
由此不可思议劫，常生人天受妙乐，
以能信解听此经，无量不可思议福，
诸功德聚皆已得；假使大火百由旬，
为听此经应直过。

若至聚落兰若处，到法会所至心受，
由听此经诸恶消，恶梦、蛊道、星变异，
一切灾祸灭无余。
于说法处莲座上，书写、读诵并解说，
说法法师下座后，大众犹见在座上，
或有见为佛世尊，或有见为菩萨像，
或见普贤或文殊，或见弥勒及诸天，
暂见诸相种种事，忽然不见还如初。
成就如是诸功德，而为诸佛所赞叹。
相貌威德悉具足，有大名称能却敌。
他方盗贼令退散，勇悍多力破强敌，
恶梦恼心恶业苦，皆使除灭尽无余。
军阵战斗常得胜，名称流布遍阎浮。
亦能摧伏一切敌，远离诸恶修诸善，
入阵得胜心欢喜。
大梵天王、三十三天，护世四王、金刚密迹，
鬼神诸王、散脂大将，禅那英鬼及紧那罗，
阿耨达龙、娑竭罗王，阿修罗王、迦楼罗王，
大辩天及功德天，如是上首天神众，
常当供养听法者，生不思议法塔想。
众生恭敬赞此经，诸天王众各思维，
相互言说令此人，无量功德皆成就。
若能来到法会所，此人即成上善根，
若能听受此妙经，敬心前往法会处，

心生正信不思议，供养无上大法塔，
以大悲心利众生，即为深法之宝器，
能入甚深之法性。
由以净心听此经，此人即是已供养，
过去无量百千佛。
以此善根及因缘，应当听受《金光明》，
如是众生则常为，无量天神所护念。
大辩、功德、四天王，无量鬼神及力士，
各于四方昼夜护，令无灾祸永离苦；
帝释天及日月天，阎摩罗王、风水神，
韦驮天神、毗纽天，大辩天神、自在天，
火神等神有勇力，常护此人不相离；
大力鬼王、那罗延，摩醯首罗、散脂大将，
二十八部诸鬼神，百千鬼神有大力，
常护此人令不怖；金刚密迹大鬼神王，
及其眷属五百众，一切皆是大菩萨，
亦皆拥护听经人；摩尼跋陀大鬼神王，
富那跋陀、金毗罗，阿罗婆帝、宾头卢伽，
黄头大神等诸神，各有五百眷属众，
亦常拥护听经人；质多斯那、阿修罗王，
及乾闼婆、那罗罗阇，祁那娑婆、摩尼乾陀，
及尼揵陀、主雨大神，大饮食神、摩诃伽吒，
金色发神、半祁鬼神，及半支罗、车钵罗婆，
有大威德婆那利神，昙摩跋罗、摩竭婆罗，

针发鬼神、绣利蜜多，勤那翅奢、摩诃婆那，
及军陀遮、剑摩舍帝，复有大神奢罗蜜帝，
醯摩跋陀、萨多琦梨，多醯波醯、阿伽跋罗，
支罗摩伽、央掘摩罗，如是等神以无量，
神足大力常拥护，听受此部妙经人；
阿耨达龙、娑伽罗王，目真邻王、伊罗钵王，
难陀龙王、跋难陀王，如是百千龙王众，
有大神力常拥护，昼夜不离听经人；
波利罗睺、阿修罗王、毗摩质多、及以茂脂，
睒摩利子、波诃梨子、佉罗骞陀、及以揵陀，
皆是阿修罗王众，有大神力常拥护，
昼夜不离听经人；诃利帝南、鬼子母等，
及五百神常拥护，昼夜不离听经人；
旃陀旃陀、利大鬼神，女等鸠罗、鸠罗檀提，
啖人精气等神众，皆有大力常拥护，
十方世界持经人；大辩天等众天女，
功德天等眷属众，地神坚牢及种种，
园林果实诸神众，皆生欢喜来拥护，
爱乐亲近此经者。
于诸众生增色力，相貌威德倍庄严，
五星诸宿之变异，悉皆灭除尽无余，
白昼忧悴夜恶梦，如此恶事悉灭尽。
由听此经地神喜，以大神力转地味，
从金刚际至地上，十六万八千由旬，

地气充遍土肥沃，华果滋盛益众生。
由此经力令地味，涌出地上百由旬，
亦令诸天得精气，充益身力得快乐。
阎浮提内诸天神，心生欢喜乐无量。
由听此经诸天喜，百谷果实皆滋茂，
园苑丛林华开敷，香气芬馥遍充满；
百草树木枝干壮，叶繁果茂味具足。
阎浮提内诸龙女，其数无量不可思，
心生欢喜而踊跃，共入池中种莲花，
优钵罗华、波头摩，拘物头华、分陀利，
种种莲花满池中。
于自宫殿除云雾，虚空之中无尘翳，
诸方清澈净洁明，赫日流晖放千光，
欢喜踊跃照暗蔽。
阎浮檀金为宫殿，止住其中具威德，
日光天子及月天，听闻此经精气充；
日光天子出阎浮，心生欢喜放光明，
明网无量遍诸方；即于出时放光网，
开敷池中诸莲华，果实遍满阎浮提，
随时成熟饱众生。
日月殊胜照临处，星宿正行不失度，
风雨随时盛丰实，国土富饶咸欢乐。
故此《金光明》妙经，随所讲诵流布处，
国土诸事皆增益，悉得如上无量福。

授记品第十四

授记，又作“受记”、“记别”，是佛对弟子未来世成佛之事的预言，并预先记述将来成佛的名号、国土、寿命、分别劫数等事。本品叙说佛陀为信相菩萨及其二子银相、银光授记；又为在场的十千天子授记。当时菩提树神见此事后，向佛请问十千天子并没有经过无量难行苦行的菩萨行，为什么也给予授记？随后的《流水长者子品》中佛陀详述了其中的因缘。

尔时如来将欲为是信相菩萨及其二子银相银光授阿耨多罗三藐三菩提记，是时即有十千天子，威德炽王而为上首，俱从忉利来至佛所，顶礼佛足，却坐一面。尔时佛告信相菩萨：“汝于来世，过无量无边百千万亿不可称计那由他劫，金照世界，当成阿耨多罗三藐三菩提，号金宝盖山王如来、应供、正遍知、明行足、善逝、世间解、无上士、调御丈夫、天人师、佛、世尊。乃至是佛般涅槃后，正法像法皆灭尽已，长子银相当于是界次补佛处，世界尔时转名净幢，佛名阎浮檀金幢光照明如来、应供、正遍知、明行足、善逝、世间解、无上士、调御丈夫、天人师、佛、世尊。乃至是佛般涅槃后，正法像法悉灭尽已，次子银光复于是后次补佛处，

世界名字如本不异，佛号曰金光照如来、应供、正遍知、明行足、善逝、世间解、无上士、调御丈夫、天人师、佛、世尊。”是十千天子，闻三大士得受记莂，复闻如是金光明经，闻已欢喜，生殷重心，心无垢累，如净琉璃，清净无碍，犹如虚空。尔时如来知是十千天子善根成熟，即便与授菩提道记：“汝等天子，于当来世，过阿僧祇百千万亿那由他劫，于是世界，当成阿耨多罗三藐三菩提，同共一家一姓一名，号曰青目优钵罗华香山如来、应供、正遍知、明行足、善逝、世间解、无上士、调御丈夫、天人师、佛、世尊。如是次第出现于世凡一万佛。”

尔时道场菩提树神，名等增益，白佛言：“世尊！是十千天子于忉利宫为听法故，故来集此，云何如来便与授记？世尊！我未曾闻是诸天子修行具足六波罗蜜，亦未曾闻舍于手足头目髓脑、所爱妻子、财宝谷帛，金银、琉璃、砗磲[①]、码碯、真珠、珊瑚、珂贝、璧玉、甘馔饮食、衣服卧具、病瘦医药、象马车乘、殿堂屋宅、园林泉池、奴婢仆使，如余无量百千菩萨以种种资生供养之具，恭敬供养过去无量百千万亿那由他等诸佛世尊。如是菩萨于未来世亦舍无量所重之物，头目髓脑、所爱妻子、财宝谷帛乃至仆使，次第修行，成就具足六波罗蜜。成就是已，备修苦行[②]，动经无量无边劫数，然后方得受菩提记。世尊！是天子等何因何缘，修行何等胜妙善根，从彼天来暂得闻法便得受记，惟愿世尊，为我解说，断我疑网。”尔时佛告树神善女天：“皆有因缘，有妙善根，以随相修。何以故？以是天子于所住处舍五欲乐[③]，故来听是《金光明经》，既闻法已，于是经中净心殷重，如说修行；复得闻此三大菩萨受于记莂，亦以过去本昔发心誓愿因缘，是故我今皆与授记，于未来世，当成阿耨多罗三藐三菩提。”

注释：

①砗磲（chēqú）：一种玉，七宝之一。

②苦行：身体所难以承受的种种艰苦修行。

③五欲乐：指染着色、声、香、味、触等五境所起之五种情欲快乐。

译文：

那时，世尊将为信相菩萨和他的两个儿子银相、银光授阿耨多罗三藐三菩提记。这时即有以威德炽王为上首的十千天子一起从忉利天来到佛说法道场，顶礼佛足，在一边坐下。那时佛对信相菩萨说：“你于未来世经过无量无边百千万亿不可称计那由他劫之后，在金照世界将证得阿耨多罗三藐三菩提，佛号为金宝盖山王如来、应供、正遍知、明行足、善逝、世间解、无上士、调御丈夫、天人师、佛、世尊。及至这位佛入大涅槃后，正法像法都已灭尽之后，长子银相将在这个世界随后成佛，那时世界的名称转为叫净幢，佛名号为阎浮檀金幢光照明如来、应供、正遍知、明行足、善逝、世间解、无上士、调御丈

夫、天人师、佛、世尊。及至这位佛入大涅槃后，正法像法都已灭尽之后，次子银光又将随后成佛，世界名字同原来一样，佛号为金光照如来、应供、正遍知、明行足、善逝、世间解、无上士、调御丈夫、天人师、佛、世尊。”在旁边的十千天子听到三大士被授记，又听闻了这部《金光明经》，心大欢喜，生起了极大的敬重之心，心如同净琉璃那样清净无垢，如同虚空那样清净无碍。这时，如来知道这十千天子的善根成熟了，就给他们授菩提道记说：“你们十千天子于未来世，经过无数百千万亿那由他劫之后，将在这个世界证得阿耨多罗三藐三菩提，同为一家，同一种姓，同一名号，名号为青目优钵罗华香山如来、应供、正遍知、明行足、善逝、世间解、无上士、调御丈夫、天人师、佛、世尊，这样次第出现于世，共一万位佛。”

那时道场的菩提树神，名叫等增益，对佛说：“世尊！这十千天子为了听法的缘故从忉利天来到这里，为什么如来就给他们授记呢？世尊！我未听说过这些天子修行具足了六波罗蜜，也没有听说过他们施舍了手足、头颅、眼睛、骨髓、大脑等，所珍爱的妻子、财宝、粮食、布帛等，金、银、琉璃、砗磲、玛瑙、真珠、珊瑚、珂贝、璧玉等，美味饮食、衣服、床具、医药等，以及象马车辆、殿堂屋宅、园林泉池、奴婢仆使等；就像其他无量百千的菩萨，以种种资生供养之具，恭敬供养过去无量百千万亿那由他等诸佛世尊，这些菩萨也于未来世，施舍了无量的珍爱难舍之物，如头目髓脑，所爱的妻子、财宝、谷物布帛乃至仆从等等，就这样次第修行，成就具足了六波罗蜜。成就了这些功德，还需要修许多的苦行，动辄经过无量无边的劫数，然后才能得到证菩提成佛的授记。世尊！这些天子是什么因缘，修行了什么胜妙善根，从他们天宫来，听了一会儿的法，就得到授记。特别希望世尊为我解说，断除我的疑网。”那时佛告诉树神善女天说：“这都是有因缘的，因为他们有胜妙善根，也因为他们能随顺如来法教而修行。为什么呢？这些天子在他们住的宫殿中舍弃了五欲之乐，来听这部《金光明经》，听经之后，对这部经生起了至诚敬信，能够像经中说的那样修行；又能够听到给三大菩萨授予记别，也因为他们过去世本来就有过发菩提心的誓愿因缘，因此我今天都给他们授记，于未来世将证得阿耨多罗三藐三菩提。”

除病品第十五

本品通过佛陀的本生故事流水长者子的事迹，叙说大乘菩萨行的救苦救难实际行动。佛陀过去世的时候，曾经是一位流水长者子，在遇到瘟疫流行的时候发心学医，疗治众生的病苦，于是成为名医，解除了城市乡村众多人的病苦，受到大家的赞扬，称他为"大医王"。佛经中常以"大医王"喻称佛陀善能疗治众生烦恼三毒之病，随病授药，令得解脱，谓之法药；犹如世间之良医善能医治众病，谓之世药。本经中的流水长者子法药与世药并施，特别显示大乘菩萨行中济度众生苦难的现实行动。经中细致讲述了流水长者子学习医法的过程和内容，突出了为疗治众生疾苦而付诸实际行动的过程，其法药与世药并施的菩萨行思想，与《药师经》十二大愿以及《华严经》善财童子五十三参中第十六参普眼居士了知一切众生诸病并满足众生所有需求的思想相一致。

佛告道场菩提树神："善女天！谛听谛听！善持忆念！我当为汝演说往昔誓愿因缘。过去无量不可思议阿僧祇劫，尔时有佛出现于世，名曰宝胜如来、应供、正遍知、明行足、善逝、世间解、无上士、调御丈夫、天人师、佛、世尊。善女天！尔时是佛般涅槃后正法灭已，于像法中有王名曰天自在光王，修行正法，如法治世，人民和顺，孝养父母。是王国中有一长者名曰持水，善知医方，救诸病苦，方便巧知四大增损。善女天！尔时持水长者家中后生一子名曰流水，体貌殊胜，端正第一，形色微妙，威德具足，受性聪敏，善解诸论，种种技艺、书疏、算计无不通达。是时国内天降疫病，有无量百千诸众生等皆无免者，为诸苦恼之所逼切。善女天！尔时流水长者子见是无量百千众生受诸苦恼故，为是众生生大悲心，作是思惟：如是无量百千众生受诸苦恼，我父长者虽善医方，能救诸苦，方便巧知四大增损，年已衰迈，老耄枯悴[①]，皮缓面皱，羸瘦颤掉，行来往反要因几杖，困顿疲乏，不能至彼城邑聚落，而是无量百千众生，复遇重病，无能救者。我今当至大医父所谘问治病医方秘法，谘禀知已[②]，当至城邑聚落村舍治诸众生种种重病，悉令得脱无量诸苦。时长者子思惟是已，即至父所，头面着地，为父作礼，叉手却住，以四大增损而问于父。即说偈言：

云何当知，四大诸根，衰损代谢，而得诸病；
云何当知，饮食时节，若食食已，身火不灭[③]；
云何当知，治风及热，水过肺病[④]，及以等分[⑤]；
何时动风，何时动热，何时动水，以害众生。

时父长者，即以偈颂，解说医方，而答其子：

三月是夏，三月是秋，三月是冬，三月是春，

是十二月，三三而说，从如是数，一岁四时。
若二二说，足满六时[⑥]。
三三本摄，二二现时。
随是时节，消息饮食，是能益身，医方所说。
随时岁中，诸根四大，代谢增损，令身得病。
有善医师，随顺四时，三月将养，调和六大[⑦]，
随病饮食，及以汤药。
多风病者，夏则发动；其热病者，秋则发动；
等分病者，冬则发动；其肺病者，春则增剧。
有风病者，夏则应服，肥腻醎酢[⑧]，及以热食；
有热病者，秋服冷甜；等分冬服，甜酢肥腻；
肺病春服，肥腻辛热。
饱食然后，则发肺病；于食消时，则发热病；
食消已后，则发风病；如是四大，随三时发。
风病羸损，补以酥腻[⑨]；热病下药，服诃梨勒[⑩]；
等病应服，三种妙药，所谓甜辛，及以酥腻；
肺病应服，随能吐药。
若风、热病，肺病、等分，违时而发，
应当任师，筹量随病，饮食汤药。

善女天！尔时流水长者子问其父医四大增损，因是得了一切医方。时长者子知医方已，遍至国内城邑聚落，在在处处，随有众生病苦者所，软言慰喻，作如是言：我是医师，我是医师！善知方药！今当为汝疗治

救济，悉令除愈。善女天！尔时众生闻长者子软言慰喻，许为治病，心生欢喜，踊跃无量。时有百千无量众生遇极重病，直闻是言，心欢喜故，种种所患，即得除差[11]，平复如本，气力充实。善女天！复有无量百千众生病苦深重难除差者，即共来至长者子所，时长者子即以妙药授之令服，服已除差，亦得平复。善女天！是长者子于其国内治诸众生所有病苦，悉得除差。”

注释：

①耄（mào）：高龄。古称约八九十岁的年纪。

③谘（zī）：征询。

③身火：指体内元阳真火，故后文译为“命火”。

④胇：有版本为胏（fèi）字，同“肺”。义净译文为“痰癊”（yìn，心病）。故这里“肺”字乃是指与风、热对应的痰湿类病，不是严格指肺脏病。

⑤这里主要论说了四种类型的病症：风病、热病、水过肺病、等分病，义净译文为“风、热、痰癊及以总集”。“等分”病，义净译文为“总集”，一种解释是按照一年四季的理论，各个季节都会有的病；一种解释是前面说的风、热、肺三种病症都有的病。

⑥六时：义净译文为：“二二为一节，便成岁六时：初二是花时，三四名热际，五六名雨际，七八谓秋时，九十是寒时，后二名冰雪。”

⑦六大：《金光明经文句》说为六腑，或为六根。

⑧醎(jiǎn):卤水。酢(cù):醋,他本作“酸”字。

⑨酥腻:如同肥腻,酥之浓厚者。

⑩诃梨勒:果名,译曰“天主将来”。五药之一,又曰“诃子”。善见律十七云:“诃罗勒,大如枣大,其味酢苦,服便利。”

⑪差(chài):同“瘥”,病愈之义。

译文:

佛对道场菩提树神说:“善女天!谛听谛听!善为记忆!我现在为你讲说往昔过去世的誓愿因缘。过去无量不可思议阿僧祇劫的时候,那时有佛出现于世,名叫宝胜如来、应供、正遍知、明行足、善逝、世间解、无上士、调御丈夫、天人师、佛、世尊。善女天!那时这位佛入大涅槃后,正法灭了之后,在像法中有一位国王名叫天自在光王,修行正法,如法治世,人民和顺,孝养父母。这个国王的国中有一位长者名叫持水,善知医方,治病救苦,精通人体地水火风四大的增减病因。善女天!那时持水长者家中生了一个儿子名叫流水,相貌殊胜,端正第一,神采微妙,威德具足。秉性聪敏,善解经论,种种技艺、书写算术无不通达。这时国内发生了流行疫病,有无量百千的众生等都不能幸免,受到种种病苦逼迫。善女天!那时,流水长者子看到无量百千的众生遭受流行病的痛苦之后,为了救助这些众生而生起了大悲心。他心中想,这样无量百千的众生受到病苦,我父亲是个长者,虽然精通医方,能救病苦,巧知人体四大增减病因,但是年纪老迈,身体衰枯,面布皱纹,瘦弱不支,行走要靠拄杖,气力微小不能到城市村落中,而这些无量百千的众生，遇到了重病无人救治。我现在应当到大医父那里谘问学习治病医方和秘法，学会以后，就可以去城市村落中治疗众生的种种重病，让他们都脱离病苦。流水这样想之后，就到了父亲那里，头面着地，为父亲作礼。然后坐下来问父亲人体四大增减的医法，以偈语问道：

云何当知身四大，衰损代谢得诸病；
云何当知食时节，若食、食已命火存；
云何当知治风、热，水过肺病及等分；
何时动风何时热，何时动水及等分。

那时父亲长者也以偈颂解说医方，回答儿子道：

三月是夏三月秋，三月是冬三月春，
十二月中三三说，如此一年有四时。
若二二说为六时，三三本摄二二时。
随此时节调配食，能够益身医方说。
此身四大随时节，代谢增损身得病，
医师当知顺四时，三月调养和六大，
随症调食下汤药。
多风病者夏发动，其热病者秋发动，
等分病者冬发动，其肺病者春增剧。
有风病者夏应服，肥腻醎、酢及热食；
热病秋服冷与甜；等分冬服甜、酢、腻；
肺病春服腻、辛、热。
饱食然后发肺病，于食消时发热病，
食消已后发风病，如是四大三时发。

风病羸损补酥腻，热病下药诃梨勒，
等分应服三妙药，所谓甜、辛及酥腻，
肺病应服能吐药。
如果风、热、肺、等分，违时而发应当知，
医师观症施汤药。

善女天！那时流水长者子问了父亲四大增减的医法之后，通达了一切医方。流水长者子了知医方后，就到国内城市村落各个地方，随处到患病人那里，亲切安慰说：我是医师，我是医师，善知药方，现在就为你们治疗救助，让你们的病都得到痊愈。善女天！那时众生听到流水长者子的亲切慰问、要为他们治好病后，心生欢喜，踊跃无量。这时，有无量百千的众生，患上了极重的病，听到了这个消息后，因为心大欢喜的缘故，种种病患都好了，恢复了健康，身体气力充足。善女天！又有无量百千的众生，病苦深重，很难治愈，都来到流水长者子的住所，这时流水就给他们服用对症的妙药，服了以后病就好了，身体得到康复。善女天！这位流水长者子，在他的国内给所有的众生治病，让所有的病苦都得到了解除。”

卷　四

流水长者子品第十六

以实际行动救护众生，法药和世药并施的思想，在《流水长者子品》中体现得更为充分。本品接续上一品流水长者子医师的故事。流水长者子在一次治病途中，遇到一个水池中有十千鱼因为没有水快要被晒死了，流水长者子就与两个儿子想办法从国王那里借来二十头大象驮水倒入水池中，终于救活了十千鱼，又从家里取回吃的东西喂鱼，又给这十千鱼念诵宝胜如来名号及说十二因缘法，使之转生忉利天，终于救度了池水中的十千鱼。特别要注意本品对于流水长者子救度十千鱼的实际行动过程的细致描述，这里丝毫没有大乘经论中经常出现的不可思议神迹内容，而就是通过流水长者子父子三人以凡夫力量得以达成的实际行动。这显示本经所宣说的大乘菩萨行立足于发心救度众生的真切行愿，对于以实际行动解除众生当下的苦难、获得当下的安乐给予了特别重视。联系当今动物保护和环境保护的先进理念来说，流水长者子的自觉行为可以说代表了佛教的生态伦理思想。十千鱼从被救活到转生忉利天乃至被授记的故事，对于显示大乘菩萨行法药与世药并施的精神具有特别的隐喻意义。汉传佛教最初设立放生池，与本品有莫大关系，通行的《放生仪轨》也参照了本品内容。

佛告树神："尔时流水长者子，于天自在光王国内，治一切众生无量苦患已，令其身体平复如本，受诸快乐。以病除故，多设福业[①]，修行布施，尊重恭敬是长者子，作如是言：善哉长者！能大增长福德之事，能益众生无量寿命，汝今真是大医之王！善治众生无量重病，必是菩萨，善解方药！善女天！时长者子有妻名曰水空龙藏，而生二子：一名水空，二名水藏。时长者子将是二子，次第游行城邑聚落，最后到一大空泽中，见诸虎狼狐犬鸟兽多食肉血，悉皆一向驰奔而去。时长者子作是念言：是诸禽兽何因缘故一向驰走？我当随后逐而观之。时长者子遂便随逐，见有一池，其水枯涸[②]，于其池中，多有诸鱼。时长者子见是鱼已，生大悲心。时有树神示现半身，作如是言：'善哉善哉！大善男子！此鱼可愍[③]，汝可与水，是故号汝名为流水。复有二缘名为流水：一能流水，二能与水。汝今应当随名定实。'时长者子问树神言：'此鱼头数为有几所？'树神答言：'其数具足，足满十千。'善女天！尔时流水闻是数已，倍复增益生大悲心。善女天！时此空池为日所曝[④]，唯少水在，是十千鱼将入死门，四向宛转，见是长者心生恃赖，随是长者所至方面，随逐瞻视，目未曾舍。是时长者驰趣四方，推求索水，了不能得。便四顾望，见有大树，寻取枝叶，还到池上，与作阴凉。作阴凉已，复更推求是池中水本从何来，即出四向周遍求觅，莫知水处。复更疾走远至余处，见一大河名曰水生。尔时复有诸余恶人，为捕此鱼故，于上流悬险之处决弃其水不令下过。然其决处悬险难补，计当修治经九十日，百千人功犹不能成，况我一身。时长者子速疾还反至大王所，头面礼拜，却住一面，合掌向王说其因缘，作如是言：'我为大王国土人民治种种病，渐渐游行，至彼空泽，见有一池，其水枯涸，有十千鱼，为日所曝，今日困厄，将死不久。惟愿大王，借二十大象，令得负水，济彼鱼命，如我与诸病人寿命。'尔时大王即敕大臣速疾供给。尔时大臣奉王告敕，语是长者：'善哉大士！汝今自可至象厩中随意选取，利益众生，令得快乐。'是时流水及其二子将二十大象，从治城人借索皮囊，疾至彼河上流决处盛水象负，驰疾奔还，至空泽池，从象背上下其囊水，泻置池中，水遂弥满，还复如本。时长者子于池四边彷徉而行，是鱼尔时亦复随逐，循岸而行。时长者子复作是念：是鱼何缘随我而行，是鱼必为饥火所恼，复欲从我求索饮食，我今当与。善女天！尔时流水长者子告其子言：'汝取一象最大力者，速至家中，启父长者，家中所有可食之物，乃至父母饮啖之分及以妻子奴婢之分，一切聚集，悉载象上，急速来还。'尔时二子如父教敕，乘最大象往至家中，白其祖父说如上事。尔时二子收取家中可食之物，载象背上疾还父所，至空泽池。时长者子

见其子还，心生欢喜，踊跃无量。从子边取饮食之物散着池中，与鱼食已，即自思惟：我今已能与此鱼食，令其饱满，未来之世，当施法食。复更思惟：曾闻过去空闲之处有一比丘，读诵大乘方等经典，其经中说：若有众生临命终时，得闻宝胜如来名号，即生天上。我今当为是十千鱼解说甚深十二因缘[5]，亦当称说宝胜佛名。时阎浮提中有二种人：一者深信大乘方等[6]，二者毁呰不生信乐[7]。时长者子作是思惟：我今当入池水之中为是诸鱼说深妙法。思惟是已，即便入水，作如是言：南无过去宝胜如来、应供、正遍知、明行足、善逝、世间解、无上士、调御丈夫、天人师、佛、世尊。宝胜如来本往昔时，行菩萨道作是誓愿：若有众生于十方界，临命终时闻我名者，当令是辈即命终已寻得上生三十三天。尔时流水复为是鱼解说如是甚深妙法：所谓无明缘行，行缘识，识缘名色，名色缘六入，六入缘触，触缘受，受缘爱，爱缘取，取缘有，有缘生，生缘老死忧悲苦恼。

“善女天！尔时流水长者子及其二子，说是法已，即共还家。是长者子复于后时宾客聚会醉酒而卧，尔时其地卒大震动。时十千鱼同日命终，既命终已生忉利天，既生天已作是思惟：我等以何善业因缘得生于此忉利天中。复相谓言：我等先于阎浮提内堕畜生中，受于鱼身，流水长者子与我等水及以饮食，复为我等解说甚深十二因缘，并称宝胜如来名号，以是因缘令我等辈得生此天，是故我等今当往至长者子所报恩供养。尔时十千天子从忉利天下阎浮提，至流水长者子大医王家。时长者子在楼屋上露卧眠睡。是十千天子以十千真珠天妙璎珞置其头边，复以十千置其足边，复以十千置右胁边，复以十千置左胁边，雨曼陀罗华、摩诃曼陀罗华，积至于膝，作种种天乐，出妙音声。阎浮提中有睡眠者皆悉觉寤，流水长者子亦从睡寤。是十千天子于上空中飞腾游行，于天自在光王国内处处皆雨天妙莲华。是诸天子复至本处空泽池所，复雨天华，便从此没，还忉利宫，随意自在，受天五欲。时阎浮提过是夜已，天自在光王问诸大臣：'昨夜何缘示现如是净妙瑞相，有大光明？'大臣答言：'大王当知，忉利诸天于流水长者子家雨四十千真珠璎珞及不可计曼陀罗华。'王即告臣：'卿可往至彼长者家，善言诱喻，唤令使来。'大臣受敕即至其家，宣王教令，唤是长者。是时长者寻至王所，王问长者：'何缘示现如是瑞相？'长者子言：'我必定知是十千鱼其命已终。'时大王言：'今可遣人审实是事。'尔时流水寻遣其子至彼池所，看是诸鱼死活定实。尔时其子闻是语已，向于彼池，既至池已，见其池中多有摩诃曼陀罗华，积聚成積[⑧]，其中诸鱼悉皆命终。见已即还，白其父言：'彼诸鱼等悉已命终。'尔时流水知是事已，复至王所，作如是言：'是十千鱼悉皆命终。'王闻是已，心生欢喜。"

尔时世尊告道场菩提树神："善女天！欲知尔时流水长者子，今我身是。长子水空，今罗睺罗是[9]。次子水藏，今阿难是[10]。时十千鱼者，今十千天子是，是故我今为其授阿耨多罗三藐三菩提记。尔时树神现半身者，今汝身是。"

注释：

①福业：能够带来福报的善行为。

②涸（hé）：水枯竭。

③愍（mǐn）：哀怜。

④曝（pù）：晒。

⑤十二因缘：又名十二缘起，即谓无明缘行，行缘识，识缘名色，名色缘六处，六处缘触，触缘受，受缘爱，爱缘取，取缘有，有缘生，生缘老死。

⑥方等：十二部经之一。指广说广大甚深之义的大乘经典。故大乘经典亦称大乘方等经典。

⑦呰（zǐ）：同"訾"，诋毁。

⑧積（zì）：积聚；（草）堆。

⑨罗睺罗：释迦牟尼佛的儿子。

⑩阿难：全称"阿难陀"。意为"欢喜"、"庆喜"、"无染"。系佛陀堂弟，出家后二十余年作佛陀的侍者。善记忆，对于佛陀的说法多能记诵，被誉为"多闻第一"，为佛陀十大弟子之一。

译文：

佛告诉树神："那时流水长者子，在天自在光王的国内治好了一切众生的无量苦患后，使他们的身体康复如初，得到快乐。众生因为病苦解除的缘故，多造福业，修行布施，尊重恭敬这位流水长者子，并称赞说：'善哉长者！能做大增长福德的事，能够利益无量众生的寿命，您真是一位大医王啊！善于治疗众生的无量重病，善解药方，必定是一位菩萨！'善女天！那时流水长者子有妻子名叫水空龙藏，生了两个儿子，大儿子名叫水空，二儿子名叫水藏。流水长者子带着两个儿子，在城市村落中依次游走行医。经过一处大空地沼泽中，见许多虎狼狐犬等鸟兽多吃肉血，都朝一个方向奔跑而去。这时流水长者子起了疑念，这些鸟兽朝一个方向奔跑是什么缘故呢？我应该跟随过去看一看。流水长者子于是就跟随过去，最后看见有一个大池，中间的水源枯竭接近干涸。大池中有许多的鱼，流水长者子看见鱼生命危险而生起了大悲心。这时有一个树神示现了半身，对流水说：'善哉，善哉！大善男子！这些鱼真可怜，你应给他们找些水来，这样你才称得上名叫流水。又有两种因缘称名为流水，一是能流水，二是能给与水。你现在应该随名定实。'这时流水长者子问树神说：'这些鱼共有多少头数？'树神回答说：'数目为整，恰好十千。'善女天！那时流水听到这么多数目后，心中更加生起了悲心。善女天！这时大空池被太阳曝晒，只有很少的水。这十千鱼将入死门，四处徊游，遇见了流水长者子，心中生起了依赖，随流水走向什么方向，都跟随游到什么方向，眼巴巴地一直凝视着流水长者子。这时流水长者子急忙跑着四处找水，多方寻求却了无所得。四下观望，看见大树上的树叶子，就摘下来拿到池上给鱼暂作荫凉。这样做了之后，又更寻求池中的水本来是从哪里来的，就在池四周到处查找，没有找到水源之处。又赶快走到更远的地方，发现了一条大河，河名叫水生。那时却有许多恶人，为了捕捉这些鱼，故意在河上流的险隘之处，朝一边决开河水，让水不能正常流到大池中。但是这个决口处，危险难补，长者子想：需要九十天才能够修好，而且数百千的人也未必能够成功，何况就我一个人。这时流水长者子急速回到国王那里，敬礼之后在一边合掌，对国王禀告了这件事。他说：'我为国土人民治疗种种病，渐次游走，到了一处大空地沼泽中，见有一个大池，其中的水快枯涸了，有十千鱼被太阳曝晒，遭受困厄，都快要死了。希望大王借给我二十头大象，让这些大象驮水，救活那些鱼的命，如同我治好病人的病一样。'那时国王就下令给大臣，让迅速供给。这时大臣根据国王的敕令，对流水长者子说：'善哉，大士！你现在就可以到象厩中随意选用，利益众生，让他们得到快乐。'这时流水长者子和他的两个儿子，牵着二十头大象，向城里的人借了皮囊，赶紧到那条河上流的决口处，用皮囊盛上水，用象驮着飞奔到大池，把水倒入池中。就这样池水又满满的，恢复到了原来一样。这时流水长者子在池四边徜徉而行，池中这些鱼又跟随着他在池边游来游去。这时流水又想：'这些鱼为什么又随我而行呢？这些鱼一定是腹中饥饿，想从我这里索要食物，我现在就给他们。'善女天！那时流水长者子对他儿子说：'你牵一头力气最大的象，赶快回到家中，禀告老父长者，让把

家中所有可吃的食物，乃至父母要吃的部分以及妻子奴婢要吃的部分，都收集在一起，装在象上，快快驮回。'两个儿子遵照父亲的指示，骑着力气最大的大象回到家里，禀告了祖父上述事。那时，两个儿子收集了家中的食物，装在象背上又快速返回水池处。这时流水长者子看到儿子驮来了食物，心生欢喜，踊跃无量。即取下食物，散在池中，喂给鱼吃。心中并想，我现在已经能让这些鱼吃饱，未来之世，应当给他们施以法食。又更思维，过去曾经听过树林阿兰若处有一位比丘读诵大乘方等经典，经中说：若有众生临命终时，能够听闻到宝胜如来的名号，就能生到天上。我现在应当给这十千鱼解说甚深十二因缘法，也应当称说宝胜佛的名号。当时阎浮提中有两类人：一类人深信大乘方等经典，另一类人则毁谤而没有信乐。这时流水长者子即思维，我现在应当进入池水中，为这些鱼讲说深妙的法。这样思维之后，就进入水池中，这样宣说：南无过去宝胜如来、应供、正遍知、明行足、善逝、世间解、无上士、调御丈夫、天人师、佛、世尊。宝胜如来在往昔行菩萨道时作过这样的誓愿，如果有十方世界的众生，在临命终时听到我的名号，就让这些人命终之后随即上生三十三天。那时，流水长者子又为这些鱼解说这样的甚深妙法：所谓无明缘行、行缘识、识缘名色、名色缘六入、六入缘触、触缘受、受缘爱、爱缘取、取缘有、有缘生、生缘老死忧悲苦恼。

"善女天！那时流水长者子和他的两个儿子说了这样的法后，一起回到家里。这位流水长者子又在后来的一次宾客聚会上，喝醉了酒，睡在那里。那时大地忽然发生大震动，这十千鱼

同日命终，命终之后一起生到了忉利天。生天以后都这样想，我们以什么善业因缘能够生到此忉利天中。又互相说：我们先前在阎浮提内，堕入了畜生中，受报为鱼身。流水长者子给我们水及饮食救活了我们，又为我们解说甚深十二因缘，并称宝胜如来名号，因为这样的因缘使得我们得生此天，因此我们现在应当到流水长者子住处报恩供养。那时十千天子从忉利天下到阎浮提，来到流水长者子大医王的家。这时流水长者子在屋子楼上袒身眠睡。这十千天子把十千个真珠天妙璎珞放在他的头边，又以十千个放在足边，又以十千个放在右胁边，又以十千个放在左胁边；从天空撒下了曼陀罗华、摩诃曼陀罗华，积到了膝盖，演奏出种种天乐的美妙音声。阎浮提中正在睡眠的人都醒来了，流水长者子也醒来了。这十千天子在天空中飞腾游行，在天自在光王的国内处处散下了天妙莲华。这些天子又到他们原来所在的大空地沼泽中水池处，遍降天华，即从空中消失，回到了忉利天宫，随意自在，享受天人的五欲快乐。这时阎浮提内经过这个夜晚后，天自在光王问诸位大臣：'昨夜是什么因缘，出现了这样的净妙瑞相，有大光明出现。'大臣回答说：'大王您当知，忉利天的各位天子在流水长者子家中，降下了四万件真珠璎珞及不可计数的曼陀罗华。'国王即告诉大臣：'卿相你去那位长者的家中，好言软语，让他来王宫。'大臣受命后就到了流水家，宣说了国王的教令，请长者到王宫。这时流水长者子就到了王宫。国王问流水长者子：'什么因缘出现了这样的瑞相？'流水长者子说：'我知道必定是十千鱼命终后转生到了忉利天上。'这时国王说：'现在就派人核实这件事。'那时流水就派他的儿子到那个大池处，看看那些鱼的死活情形。他的儿子闻命后就到了大池处，见池中有许多大曼陀罗华，积聚成堆，其中的鱼都已经死了。看后就返回禀告他父亲说：‘那些鱼都已经命终。’那时流水确知这事后，又到国王处说：‘的确是十千鱼都已经命终。’国王听后心生欢喜。”

那时世尊告诉道场菩提树神说：“善女天！你要知道，那时的流水长者子，就是现在的我身；长子水空，就是现在的罗睺罗；次子水藏，就是现在的阿难。那时的十千鱼，就是现在的十千天子，因此我给他们授阿耨多罗三藐三菩提记。那时现了半身的树神，就是现在的你身啊。”

舍身品第十七

本品所述的舍身饲虎是佛教中著名本生故事。因道场菩提树神的请问,佛陀讲述了过去世舍去生命救活饿虎的感人故事。过去世佛陀曾是一位国王的第三儿子,名叫萨埵王子,长得非常端严。有一天兄弟三人去树林中游观,遇到一个母虎产了七个小虎,因没有吃的快要饿死了,于是萨埵王子就舍自己的身体喂虎,救活了母虎和七个小虎。随后他的父王收集遗骸在萨埵王子舍身处建造了七宝塔作为纪念。通过佛陀过去世作为萨埵王子舍身饲虎的本生故事,一方面表达了大乘菩萨行舍己为人的献身精神,另一方面也突出了大乘菩萨行中为求一切种智、以大悲心救度众生,通过捐舍身命血肉骨髓而达成难行能行、难舍能舍的为法忘躯的勇猛愿行。这一段故事在大乘佛教中极为著名,与《法华经药王菩萨本事品》中药王菩萨燃身供佛和《大涅槃经》卷十四中雪山童子为求半偈而舍身给罗刹的故事齐名。经中所讲的礼塔因缘,也促进了大乘中的舍利崇拜。

尔时道场菩提树神复白佛言:“世尊!我闻世尊过去修行菩萨道时,具受无量百千苦行,捐舍身命肉血骨髓,惟愿世尊少说往昔苦行因缘,为利众生,受诸快乐。”尔时世尊即现神足,神足力故,令此大地六种震动[1]，于大讲堂众会之中有七宝塔从地涌出，众宝罗网弥覆其上。尔时大众见是事已，生希有心。尔时世尊即从座起，礼拜是塔，恭敬围绕，还就本座。尔时道场菩提树神白佛言："世尊！如来世雄出现于世，常为一切之所恭敬，于诸众生最胜最尊，何因缘故礼拜是塔？"佛言："善女天！我本修行菩萨道时，我身舍利安止是塔[2]，因由是身，令我早成阿耨多罗三藐三菩提。"尔时佛告尊者阿难："汝可开塔，取中舍利，示此大众。是舍利者，乃是无量六波罗蜜功德所熏。"尔时阿难闻佛教敕即往塔所，礼拜供养，开其塔户，见其塔中有七宝函，以手开函，见其舍利色妙红白，而白佛言："世尊！是中舍利其色红白。"佛告阿难："汝可持来，此是大士真身舍利。"尔时阿难即举宝函，还至佛所，持以上佛。尔时佛告一切大众："汝等今可礼是舍利。此舍利者是戒定慧之所熏修，甚难可得，最上福田[4]。"尔时大众闻是语已，心怀欢喜，即从座起，合掌敬礼大士舍利。

注释：

①六种震动：指大地震动的六种相。《大品般若经》卷一序品，依地动之方向，举出东涌西没、西涌东没、南涌北没、北涌南没、边涌中没、中涌边没等六相。《华严经》卷十六则举出动、起、涌、震、吼、击等六相，各相复分小、中、大等三种，故计有动、遍动、等遍动，起、遍起、等遍起，涌、遍涌、等遍涌，震、遍

震、等遍震，吼、遍吼、等遍吼，击、遍击、等遍击等十八相。

②舍利：意为体、身、身骨或遗身。最早指佛陀去世火化之后留下的遗骨、坚固子，后来也指高僧去世火化后遗留的骨或坚固子。依《长阿含经》卷四《游行经》记载，释迦牟尼佛于拘尸城双树间入涅槃后，佛舍利八分，由八个国家各自起塔供养。另据《阿育王传》卷一载，佛灭度百年后，阿育王搜集佛遗存的舍利，建造八万四千宝塔供养。

③福田：谓可生福德之田。如农人耕田，能有收获，凡敬侍佛、僧、父母、悲苦者，则可收获福德、功德，故称能出生福德处为福田。

译文：

那时，道场菩提树神又对佛说："世尊！我听闻世尊过去修行菩萨道的时候，受了无量百千的苦行，捐舍了身命、血肉、骨髓等。唯愿世尊您大略给我们讲说一些往昔的苦行因缘，以利益众生，得到快乐。"那时世尊即现神足通，由神足力使得大地发生六种震动。在大讲堂众会中，有七宝塔从地涌出，众宝罗网覆盖其上。大众见到这事后都生起了稀有想。那时世尊即从座位上起来，礼拜此塔，恭敬围绕后又回到座位上。这时道场菩提树神对佛说："世尊！如来大雄出现在世间，常为一切有情所恭敬，在诸众生中最胜最尊，因什么缘故而礼拜这个塔呢？"佛说："善女天！我原来过去世修行菩萨道的时候，我的身舍利安放在这个塔中，由于这个身的缘故，使我提早成就了阿耨多罗三藐三菩提。"那时佛对尊者阿难说："你可以打开这个塔，取

出其中的舍利给与会大众看。这个舍利，乃是无量六波罗蜜功德所熏修而得来。”阿难听了佛的教敕后就到塔前，礼拜供养后打开塔门，见塔中有一个七宝函，开函后见有舍利子，颜色妙洁，有红的，有白的。就禀告佛说：“世尊！里面的舍利颜色有红有白。”佛对阿难说：“你可以拿来，这是大士的真身舍利。”那时阿难即捧着七宝函，到了佛前，奉上给佛。那时佛告诉一切大众：“你们现在可以来礼拜这个舍利。这个舍利是戒定慧功德所熏修而成的，极为难得，是最上福田。”那时大众听闻佛这样说之后，心怀欢喜，即从座位上起来，合掌敬礼大士的舍利。

尔时世尊欲为大众断疑网故，说是舍利往昔因缘：“阿难！过去之世有王名曰摩诃罗陀[①]，修行善法，善治国土，无有怨敌。时有三子端正微妙，形色殊特，威德第一。第一太子名曰摩诃波那罗，次子名曰摩诃提婆，小子名曰摩诃萨埵[②]。是三王子于诸园林游戏观看，次第渐到一大竹林憩驾止息[③]。第一王子作如是言：‘我于今日心甚怖懅[④]，于是林中将无衰损。’第二王子复作是言：‘我于今日不自惜身，但离所爱，心忧愁耳。’第三王子复作是言：‘我于今日独无怖懅，亦无愁恼，山中空寂，神仙所赞，是处闲静，能令行人安隐受乐。’时诸王子说是语已，转复前行，见有一虎，适产七日而有七子，围绕周匝，饥饿穷悴，身体羸瘦，命将欲绝。第一王子见是虎已，作如是言：‘怪哉！此虎产来七日，七子围绕，不得求食，若为饥逼，必还啖子。’第三王子言：‘此虎经常所食何物？’第一王子言：‘此虎唯食新热肉血。’第三王子言：‘君等谁能与此虎食？’第二王子言：‘此虎饥饿，身体羸瘦，穷困顿乏，余命无几，不容余处为其求食，设余求者命必不济。谁能为此不惜身命？’第一王子言：‘一切难舍，不过己身。’第二王子言：‘我等今者以贪惜故，于此身命不能放舍，智慧薄少故，于是事而生惊怖。若诸大士欲利益他，生大悲心为众生者，舍此身命不足为难。’时诸王子心大愁忧，久住视之，目未曾舍。作是观已，寻便离去。尔时第三王子作是念言：我今舍身时已到矣。何以故，我从昔来多弃是身，都无所为，亦常爱护，处之屋宅；又复供给衣服、饮食、卧具、医药、象马车乘，随时将养，令无所乏，而不知恩，反生怨害，然复不免无常败坏。复次是身不坚，无所利益，可恶如贼，犹若行厕。我于今日当使此身作无上业，于生死海中作大桥梁。复次若舍此身，即舍无量痈疽瘭疾[5]、百千怖畏，是身唯有大小便利，是身不坚，如水上沫，是身不净，多诸虫户，是身可恶，筋缠血涂，皮骨髓脑，共相连持，如是观察甚可患厌。是故我今应当舍离，以求寂灭无上涅槃，永离忧患、无常、变异，生死休息，无诸尘累。无量禅定智慧功德具足，成就微妙法身，百福庄严，诸佛所赞，证成如是无上法身，与诸众生无量法乐。是时王子勇猛堪任，作是大愿，以上大悲熏修其心，虑其二兄心怀怖惧，或恐固遮为作留难，即便语言：‘兄等今者可与眷属还其所止。’尔时王子摩诃萨埵还至虎所，脱身衣裳置竹枝上，作是誓言：

我今为利诸众生故，
证于最胜无上道故，
大悲不动舍难舍故，
为求菩提智所赞故，
欲度三有诸众生故，
欲灭生死怖畏热恼故。

是时王子作是誓已，即自放身卧饿虎前。是时王子以大悲力故，虎无能为。王子复作如是念言：虎今羸瘦，身无势力，不能得我身血肉食。即起求刀，周遍求之，了不能得，即以干竹刺颈出血，于高山上投身虎前。是时大地六种震动，日无精光，如罗睺罗阿修罗王捉持障蔽[6]。又雨杂华、种种妙香。时虚空中有诸余天，见是事已，心生欢喜，叹未曾有，赞言：‘善哉！善哉！大士！汝今真是行大悲者！为众生故能舍难舍，于诸学人第一勇健！汝已为得诸佛所赞，常乐住处，不久当证无恼无热清凉涅槃！’是虎尔时见血流出，污王子身，即便舐血，啖食其肉，唯留余骨。

注释:

①摩诃罗陀:《文句》云意为"大无罪",慧沼《金光明最胜王经疏》云意为"大车"。

②根据《文句》:摩诃波那罗意为"大度",摩诃提婆意为"大天",摩诃萨埵意为"大心"。根据《金光明最胜王经疏》,摩诃波那罗意为"大渠",摩诃提婆意为"大天",摩诃萨埵意为"大勇猛"。

③憩(qì):休息。

④懅(jù):惧怕。

⑤痈(yōng):脓肿。疽(jū):毒疮。瘭(biāo):脓疮。

⑥罗睺罗阿修罗王:罗睺罗,又作"罗护",星名,传说能障蔽日月而使得发生日月蚀,故印度传说谓之阿修罗王。

译文:

这时,世尊为了断除大众心中的种种疑团,讲说了这个舍利的往昔因缘:"阿难啊!过去世的时候,有一个国王名叫摩诃罗陀,修行善法,以善政治理国土,没有怨敌。当时他有三个王子,都容貌端正,神采焕发,形色殊特,威德第一。第一王子名叫摩诃波那罗,二王子名叫摩诃提婆,小王子名叫摩诃萨埵。这三个王子,有一天在各处园林中观看游戏,渐渐到了一个大竹林子中停驾休息。第一王子说:'我今天心中甚为惊惶恐惧,在这个林中不会有猛兽来侵害吧。'第二王子随后说:'我倒是不吝惜自己的身体,只是担忧所爱的不会有散失吧。'第三王子随后说:'我今天没有惶怖,也没有忧恼。山中空闲幽静,是神仙的好居所。这个闲静的地方，能使行人得到安稳快乐。'三位王子各说了自己心想的话后，又宛转向前走，看到了一只母虎，刚生产了七个虎子，已经过了七天，虎子都围绕在母虎身边，嗷嗷待哺，母虎却饿得瘦弱憔悴，身体皮包骨头，没有气力，快要饿死了。第一王子看到这只虎后说：'奇怪啊，这只虎生产幼仔后已过七天，七个虎子围绕却没有奶吃，母虎若是饿极了，肯定要吃幼仔。'第三王子说：'这只虎经常吃什么食物？'第一王子说：'这只虎只吃新鲜的热血和肉。'第三王子说：'你们谁能给这只虎找些吃的食物。'第二王子说：'这只虎饿得身体瘦弱，没有气力，快要饿死，来不及在其他地方给找吃的了。如果在其他地方找吃的，肯定要来不及而饿死了。谁能为此不惜身命啊！'第一王子说：'一切难舍中，最难舍的是自己的身体。'第二王子说：'我们现在因为贪惜爱恋自己，对于这个身命不能放下捐舍，因为智慧很少，对于这件事心有恐怖。如果是那些大士，为了利益他人，生出大悲心，为了众生舍此身命也不足为难。'这时三个王子心中愍念凄伤，站在那里看饿虎，目不暂舍，徘徊了很长时间才离去。那时第三王子起了这样的心念，自言自语说：现在我舍身的时候到了。为什么呢？我从昔来持此身，然身多弃无所为。爱护处之于屋宅，复供衣食及卧具，象马车乘及医药，随时供养令无乏，而不知恩反怨害，无常败坏终弃去。这个身体危脆不坚，对我并没有什么利益；心中经常产生可恶的想法，不过像个贼人；臭秽脓流，不过像个移动的厕所。今天我要用这个身体作一个无上的善业，在生死海中作济度轮回的大桥梁。又想，如果舍了此身，即是舍了无量的痈疽恶疾等种种怖畏。这个身体有大小便的不净，这个身体如同水上泡沫一样不坚实，这个身体是由许多小虫聚集起来的，身体是由血脉筋肉、皮骨髓脑等连聚在一起的，细细观察令人生厌。因此我现在应当舍弃这个身体，以求寂灭之无上涅槃，永离无常变异等忧患，让生死得到大休歇处，没有尘世无常之累；而且获得无量的禅定智慧功德，具足成就百福庄严、为诸佛所赞的微妙法身，既得成就这样的无上法身，施与一切众生无量的法乐。这时王子发起了大勇猛心，发出弘誓大愿，大悲心切更增加了他的勇猛心。思虑二位兄长心怀惶怖，如果看到后一定会坚决阻止他舍弃生命，就对两位兄长说：'二位兄长先回，我随后就来。'那时王子摩诃萨埵，回到饿虎处，脱下身上衣裳放在竹枝上，发下了这样的誓言：

我今为利法界诸众生，
为证最胜无上菩提道，
大悲不动舍难舍之身，
为求智者所赞之菩提，
欲度三有苦海诸众生，
欲灭生死轮回怖畏之热恼！

这时王子作了这样的誓言后，就到了饥饿的母虎前放身躺在那里。由于王子的大慈悲心威德力，母虎伏在那里未动。王子又想：此虎现在体弱无力，不能吃我的身体血肉。随即起身寻找一把刀子，到处找也没找到。于是王子就以干竹尖刺破了颈部，鲜血涌出，从高山上投身而下，摔在母虎前面。这时大地六种震动，太阳黯淡无光，就像被罗睺罗阿修罗王捉持障蔽了一样，各种颜色的鲜花妙香如雨一般纷纷从天而降。这时天界诸众生看到这一幕后，心生欢喜，感叹不已，赞叹说：‘太伟大了！太伟大了！大士！您真是一位行大慈悲的人啊！为了救度众生，难舍能舍，在诸学人中应是第一勇健！您将得到诸佛的称赞，安住在胜妙喜乐中，不久证得无恼无热、清凉无上的大涅槃！’饿虎那时见鲜血流出，满身都是，就开始舐血吃肉，全部吃尽了，只留下一堆骸骨。

“尔时第一王子见地大动，为第二王子而说偈言：

震动大地，及以大海，
日无精光，如有覆蔽。
于上虚空，雨诸华香，
必是我弟，舍所爱身。

第二王子复说偈言：

彼虎产来，已经七日，
七子围绕，穷无饮食，
气力羸损，命不云远。
小弟大悲，知其穷悴，
惧不堪忍，还食其子，
恐定舍身，以救彼命。

时二王子心大愁怖，涕泣悲叹，容貌憔悴，复共相将还至虎所。见弟所著帔服衣裳皆悉在一竹枝之上[①]，骸骨发爪布散狼藉，流血处处，遍污其地。见已闷绝，

不自胜持，投身骨上，良久乃苏，即起举首号天而哭[②]。我弟幼稚才能过人，特为父母之所爱念，奄忽舍身以饲饿虎，我今还宫，父母设问当云何答？我宁在此并命一处，不忍见是骸骨发爪，何心舍离，还见父母、妻子眷属、朋友知识？时二王子悲号懊恼，渐舍而去。时小王子所将侍从，各散诸方，互相谓言：今者我天为何所在？尔时王妃于睡眠中梦乳被割，牙齿坠落，得三鸽雏，一为鹰食。尔时王妃大地动时即便惊寤，心生愁怖而说偈言：

今日何故，大地大水，一切皆动，物不安所，
日无精光，如有覆蔽，我心忧苦，目睫瞤动[③]，
如我今者，所见瑞相，必有灾异，不祥苦恼。

于是王妃说是偈已，时有青衣在外已闻王子消息[④]，心惊惶怖，寻即入内，启白王妃，作如是言：'向者在外闻诸侍从推觅王子，不知所在。'王妃闻已，生大忧恼，涕泣满目，至大王所：'我于向者传闻外人，失我最小所爱之子。'大王闻已而复闷绝，悲哽苦恼，拭泪而言[⑤]：'如何今日失我心中所爱重者？'"

注释：

①帔（pèi）服：即披肩等。

②号（háo）：大声哭喊。

③睫（jié）：眼睫毛。瞤（shùn）：眼皮跳动。

④青衣：即僮仆。

⑤抆（wěn）：擦拭。

译文：

“那时第一王子见大地震动，对第二王子说：

大地山河皆震动，
诸方暗蔽日无光，
天花香末缤纷下，
定是我弟舍身相！

第二王子也说道：

彼虎产来经七日，
七子围绕饮食尽，
气力羸弱命不远，
小弟大悲欲救度，
惧不堪忍还食子，
我疑弟定舍身命！

这时二位王子心中大为忧愁恐慌，抽泣悲叹，容貌憔悴，又一起回到母虎所卧的地方，只看见弟弟所穿的衣裳、披肩挂在一个竹枝上，身骨、头发、指爪四散各处，地上是一滩一滩的血迹，一片狼藉。兄弟二人看到这个情形后哀不自持，闷绝在地，倒身在遗骨上。良久才醒，即抬头向天，嚎啕大哭。哭喊着说：我小弟才智过人，特别被父母疼爱，忽然间舍身饲虎，我们回到宫中，父母问起来，该如何交待啊！哎呀，我们宁可在这里一起舍去性命，也不忍心见这些骸骨头发指爪，如何能够舍离此

地回去见父母妻子眷属和朋友善知识啊！这时二位王子忧恼悲哭，依依不舍地离去。这时小王子带领的侍从，散落在各处互相问：今天我们王子到哪里去了。那时王妃在睡梦中，梦到双乳被割，牙齿坠落，得到三只雏鸽，一只被老鹰叼去吃了。那时，王妃在大地震动时被惊醒了，心中非常慌恐不安，说道：

今日何故大地动，江河林树皆摇震，
日无精光如覆蔽，目睫跳动心不安，
我之所梦不祥兆，必有非常灾变事！

王妃说了偈后，这时有一个侍女从外面听说王子的消息，心中惊慌，急急忙忙跑回来对王妃说：‘我刚才在外面听说，侍卫们都在寻找王子，到处都找不到。’王妃听到这话，担忧恐惧涌上心头，眼睛含着泪水，哭哭啼啼来到国王住处说：‘我刚才听外面的人说，我们心爱的小儿子丢失不见了。’国王听了以后也如雷轰顶，呆在那里，悲痛哽咽，擦着眼泪说：‘苦啊！为什么要让我失去最心爱的儿子呢？’”

尔时世尊欲重宣此义，而说偈言：

我于往昔，无量劫中，舍所重身，以求菩提。
若为国王，及作王子，常舍难舍，以求菩提。
我念宿命，有大国王，其王名曰，摩诃罗陀，
是王有子，能大布施。
其子名曰，摩诃萨埵，复有二兄，长者名曰，
大波那罗；次名大天。
三人同游，至一空山，见新产虎，饥穷无食。

时胜大士，生大悲心，我今当舍，所重之身。
此虎或为，饥饿所逼，傥能还食，自所生子，
即上高山，自投虎前，为令虎子，得全性命。
是时大地，及诸大山，皆悉震动，惊诸虫兽，
虎狼师子，四散驰走，世间皆暗，无有光明。
是时二兄，故在竹林，心怀忧恼，愁苦涕泣，
渐渐推求，遂至虎所，见虎虎子，血污其口，
又见骸骨，发毛爪齿，处处迸血，狼藉在地。
时二王子，见是事已，心更闷绝，自躄于地[①]，
以灰尘土，自涂坌身[②]，忘失正念，生狂痴心。
所将侍从，睹见是事，亦生悲恸，失声号哭，
互以冷水，共相喷洒，然后苏息，而复得起。
是时王子，当舍身时，正值后宫，妃后采女，
眷属五百，共相娱乐。
王妃是时，两乳汁出，一切肢节，痛如针刺，
心生愁恼，似丧爱子。
于是王妃，疾至王所，其声微细，悲泣而言：
大王今当，谛听谛听，忧愁盛火，今来烧我。
我今二乳，俱时汁出，身体苦切，如被针刺。
我见如是，不祥瑞相，恐更不复，见所爱子。
今以身命，奉上大王，愿速遣人，求觅我子。
梦三鸽雏，在我怀抱，其最小者，可适我心，
有鹰飞来，夺我而去；梦是事已，即生忧恼，

我今愁怖，恐命不济，愿速遣人，推求我子。
是时王妃，说是语已，实时闷绝，而复躄地。
王闻是语，复生忧恼，以不得见，所爱子故，
其王大臣，及诸眷属，悉皆聚集，在王左右，
哀哭悲号，声动天地。
尔时城内，所有人民，闻是声已，惊愕而出，
各相谓言：今是王子，为活来耶，为已死亡？
如是大士，常出软语，为众所爱，今难可见；
已有诸人，入林推求，不久自当，得定消息。

诸人尔时，慞惶如是[③]，而复悲号，哀动神祇[④]。

尔时大王，即从座起，以水洒妃，良久乃苏，
还得正念，微声问王：我子今者，为死活耶？
尔时王妃，念其子故，倍复懊恼，心无暂舍。
可惜我子，形色端正，如何一旦，舍我终亡？
云何我身，不先薨没，而见如是，诸苦烦事？
善子妙色，犹净莲华，谁坏汝身，使令分离？
将非是我，昔日怨仇，挟本业缘[⑤]，而杀汝耶？
我子面目，净如满月，不图一旦，遇斯祸对，
宁使我身，破碎如尘，不令我子，丧失身命。
我所见梦，已为得报，直我无情，能堪是苦。
如我所梦，牙齿堕落，二乳一时，汁自流出，
必定是我，失所爱子。
梦三鸽雏，鹰夺一去，三子之中，必定失一。

尔时大王，即告其妃：我今当遣，大臣使者，周遍东西，推求觅子，汝今且可，莫大忧愁。

大王如是，慰喻妃已，即便严驾，出其宫殿，心生愁恼，忧苦所切，虽在大众，颜貌憔悴，即出其城，觅所爱子。

尔时亦有，无量诸人，哀号动地，寻从王后。

是时大王，既出城已，四向顾望，求觅其子，烦惋心乱[6]，靡知所在。

最后遥见，有一信来，头蒙尘土，血污其衣，灰粪涂身，悲号而至。

尔时大王，摩诃罗陀，见是使已，倍生懊恼，举首号叫，仰天而哭。

先所遣臣，寻复来至，既至王所，作如是言：愿王莫愁，诸子犹在，不久当至，令王得见。

须臾之顷，复有臣来，见王愁苦，颜貌憔悴，身所著衣，垢腻尘污：大王当知，一子已终，二子虽存，哀悴无赖。

第三王子，见虎新产，饥穷七日，恐还食子，见是虎已，深生悲心，发大誓愿，当度众生，于未来世，证成菩提。

即上高处，投身虎前，虎饥所逼，便起啖食，一切血肉，已为都尽，唯有骸骨，狼藉在地。

是时大王，闻臣语已，转复闷绝，失念躄地，

忧愁盛火，炽然其身，诸臣眷属，亦复如是。
以水洒王，良久乃苏，复起举首，号天而哭。
复有臣来，而白王言：向于林中，见二王子，
愁忧苦毒，悲号涕泣，迷闷失志，自投于地，
臣即求水，洒其身上，良久之顷，及还苏息，
望见四方，大火炽然，扶持暂起，寻复躄地，
举首悲哀，号天而哭，乍复赞叹，其弟功德。
是时大王，以离爱子，其心迷闷，气力惙然[7]，
忧恼涕泣，并复思惟，是最小者，我所爱重，
无常大鬼，奄便吞食[8]。
其余二子，今虽存在，而为忧火，之所焚烧，
或能为是，丧失命根，我宜速往，至彼林中，
迎载诸子，急还宫殿，其母在后，忧苦逼切，
心肝分裂，或能失命，若见二子，慰喻其心，
可使终保，余年寿命。
尔时大王，驾乘名象，与诸侍从，欲至彼林，
即于中路，见其二子，号天扣地，称弟名字。
时王即前，抱持二子，悲号涕泣，随路还宫，
速令二子，觐见其母[9]。
佛告树神，汝今当知：尔时王子，摩诃萨埵，
舍身饲虎，今我身是；尔时大王，摩诃罗陀，
于今父王，输头檀是[10]；尔时王妃，今摩耶是[11]；
第一王子，今弥勒是；第二王子，今调达是[12]；
尔时虎者，今瞿夷是[13]；时虎七子，今五比丘[14]，

及舍利弗，目犍连是[15]。

尔时大王[16]，摩诃罗陀，及其妃后，悲号涕泣，

悉皆脱身，御服璎珞，与诸大众，往竹林中，

收其舍利，即于此处，起七宝塔。是时王子，

摩诃萨埵，临舍命时，作是誓愿，愿我舍利，

于未来世，过算数劫[17]，常为众生，而作佛事。

说是经时，无量阿僧祇诸天及人发阿耨多罗三藐三菩提心。树神！是名礼塔往昔因缘。尔时佛神力故，是七宝塔即没不现。

注释：

①躄（bì）：仆倒。

②坌（bèn）：用细末撒在物体上面。

③慞惶（zhānghuáng）：亦作“慞徨”，慌张忙乱。

④神祇（qí）：天地神灵的总称。在天为神，在地为祇。

⑤挟（xié）：胁持，挟制。

⑥惋（wǎn）：怨叹烦闷。

⑦惙（chuò）：衰弱。

⑧奄（yǎn）：忽然。

⑨觐（jìn）：朝见，或拜见。

⑩输头檀：即佛陀的父亲净饭王。

⑪摩耶：即佛陀的母亲摩耶夫人。

⑫调达：即“提婆达多”，释迦牟尼佛的堂弟。又义净译文则作“曼殊室利”。

⑬瞿(qú)夷：释迦牟尼出家前为悉达多王子时的妃子，意为明女。《华严经探玄记》卷二十谓佛为太子时，有三夫人：瞿夷第、耶输陀罗、摩奴舍。

⑭五比丘：指释迦牟尼修苦行时的五位随从，也是佛陀成道后，最早在鹿野苑初转法轮受到教化的五位比丘。

⑮舍利弗、目犍(jiàn)连：释迦牟尼佛的两位上首弟子，常跟随佛陀游化。也是佛的十大弟子之一，舍利弗被誉为智慧第一，目犍连被誉为神通第一。

⑯"尔时大王"至"而作佛事"数句：按，"尔时大王，……而作佛事"，有版本也列为偈颂。

⑰算数劫：指算数譬喻所不能及的劫数。

译文：

那时，世尊为了重新宣说此义，又说偈颂：

我于往昔无量劫，舍所爱身求菩提，
或为国王或王子，常舍难舍求菩提。
我念昔时有大国，国王名摩诃罗陀，
其子能作大布施，名字叫摩诃萨埵；
又有二位好兄长，长名大渠次大天。
三人同游至一山，见新产虎饥无食，
萨埵大士生大悲，思今当舍所爱身。
此虎或为饥饿逼，恐其还食所生子，
即上高山投虎前，为令虎子全性命。
这时大地及高山，悉皆震动惊虫兽，

虎狼狮子四散走，世间皆暗无光明。
这时二兄在竹林，心怀忧恼而啼泣，
渐渐推求至虎所，见虎虎子血污口，
骸骨、发毛及爪齿，处处迸血遍狼藉。
二兄见状心大惊，悲痛闷绝扑于地，
以灰尘土自涂身，忘失正念生狂痴，
所领侍从见此事，也生悲恸失声哭，
互以冷水相喷洒，然后苏息复得起。
正当王子舍身时，后宫王妃与宫女，
眷属五百共娱乐，王妃忽然乳汁出，
肢节疼痛如针刺，心生忧愁似丧子。
王妃急忙找国王，声音哽咽啼泣言：
大王你今仔细听，忧愁盛火来烧我，
我今二乳俱汁出，身体苦切如针刺，
我见如此不祥兆，恐怕不见心爱子，
今以身命奉大王，愿速派人寻我子。
梦三雏鸽在我怀，其最小者称我心，
有鹰飞来忽夺去，梦见此事我心愁。
我今忧怖恐不济，愿速派人寻我子。
王妃如此哭诉后，当即昏厥倒在地。
国王听后生忧恼，因不见其爱子故，
其王大臣及僚属，悉皆聚集王左右，
哀号悲哭动天地。
那时城内诸人民，听到消息惊愕出，

互相询问并议论，王子为活为已亡？
萨埵大士常软语，为众爱戴今不见，
已经有人入林寻，不久当有消息回。
诸人彼时心慌张，哀号悲哭动神祇。
那时国王从座起，以水洒妃渐苏醒，
正念微声问国王：儿今为死还是活？
王妃忧念其爱子，心中挂念倍增恼，
叹言可惜端正儿，为何一旦舍我去？
为何我身不先没，而见此等痛心事！
吾儿容色如净莲，谁坏你身令分离？
莫非是我昔怨仇，由于业缘而杀耶？
吾儿面目如满月，不料一旦遇斯祸，
宁使我身碎如尘，勿令吾儿失身命！
我所作梦已预示，何其无情令我受！
梦见牙齿忽坠落，二乳一时汁自流，
必定是我失爱子；梦三雏鸽鹰夺一，
三子之中定失一。
那时大王即告妃：我即派遣诸臣僚，
周遍东西去寻子，你且不必太忧愁。
国王安慰王妃后，即整仪仗出宫殿，
心中愁恼忧苦切，虽在大众貌憔悴。
即出大城寻爱子。
亦有无量城中人，哀号复随王出城。
这时国王出城后，四处张望求其子，

心烦意乱随处行。
最后遥见一人来，头蒙尘土衣涂血，
遍体蒙尘悲号至。
那时摩诃罗陀王，见此信使倍生恼，
举首仰天而号叫。
先遣臣使又回来，到了王前而禀告：
愿王莫愁诸子在，不时即来令王见。
须臾之间有臣来，容貌痛切而憔悴，
风尘仆仆秉王说：大王一子已命终，
二子虽存甚哀怜。
第三王子见虎产，饥饿七日恐食子，
看见饿虎生悲心，发大誓愿度众生，
于未来世证菩提，即上高处投虎前，
虎饥所逼便起食，一切血肉都已尽，
唯剩骸骨在地上。
那时国王听闻后，闷绝失念扑在地，
忧愁盛火炽燃身，群臣僚属也如是。
以水洒王久乃苏，又复抬头向天哭。
又有臣来告王说：现在林中二王子，
痛苦悲叹而啼哭，昏厥不支倒地上。
臣即求水洒其身，良久之时还复苏，
眼望四方如大火，刚刚扶起又倒地，
举首悲哀向天哭，忽又赞叹弟功德。
这时国王因爱子，其心迷闷气力少，

忧痛啼泣又思维：最小儿子我最爱，
无常大鬼忽吞食；其余二子今虽在，
而被忧火所焚烧，可能因此而失命，
我应速往彼林中，迎载二子回宫殿。
其母在宫忧苦逼，心肝分裂或失命，
若见二子慰喻心，可使保全余寿命。
那时国王乘象车，与诸侍从往林中，
即在半路遇二子，哭天抢地称弟名。
国王上前抱二子，痛苦之后还宫中，
速令二子见其母。
佛告树神你当知：时王子摩诃萨埵，
舍身饲虎今我身，时国王摩诃罗陀，
即今父王输头檀，时王妃即今摩耶，
第一王子今弥勒，第二王子今调达，
那时母虎今瞿夷，虎七子今五比丘，
及舍利弗、目犍连。
那时国王摩诃罗，及其妃后悲号泣，
悉脱御服及璎珞，与诸大众往竹林，
收起王子之舍利，于其处起七宝塔。
王子萨埵舍命时，曾作如是之誓愿：
愿我舍利未来世，常为众生作佛事。

世尊说此经的时候，有无量无数的诸天及人发起了阿耨多罗三藐三菩提心。树神！这就是礼拜舍利塔的往昔因缘。那时因为佛的神力，七宝塔也随即隐没不现了。

赞佛品第十八

本品主题是赞佛，但难以理解的是，赞一位名叫“金宝盖山王如来”的未来佛。这位未来佛金宝盖山王如来是前面《授记品》中佛陀为信相菩萨授记将来成佛的名号，但现在却与法会会众一起来到了这位未来佛的国土，像是进入了“时空隧道”，由现在来到了未来，令人难以思议。这与《法华经》过去佛多宝如来忽然出现于多宝塔中，与现在佛释迦牟尼一起宣化的情况非常类似。这一段内容特别突显了本经与《法华经》在经义上的相似之处，即二经都有速疾成佛之意。《金光明经》中多次说到“速成”、“疾得证成阿耨多罗三藐三菩提”。在合本、净本《空品》之后的《依空满愿品》中，还说依诸法性空义，行菩提法，修平等行，如意宝光耀善女天因此即转女身作梵天身，得佛授记，与《法华经》中龙女转为男身成佛的故事也极为相似。

尔时无量百千万亿诸菩萨众，从此世界至金宝盖山王如来国土，到彼土已五体投地，为佛作礼，却住一面，合掌向佛，异口同音而赞叹曰：

如来之身，金色微妙，其明照耀，如金山王，
身净柔软，如金莲华。
无量妙相，以自庄严，随形之好，光饰其体，
净洁无比，如紫金山。

圆足无垢，如净满月；其音清彻，妙如梵声，
师子吼声，大雷震声，六种清净，微妙音声，
迦陵频伽[①]，孔雀之声，清净无垢，威德具足。
百福相好，庄严其身，光明远照，无有齐限，
智慧寂灭[②]，无诸爱习。
世尊成就，无量功德，譬如大海，须弥宝山，
为诸众生，生怜愍心，于未来世，能与快乐。
如来所说，第一深义，能令众生，寂灭安隐，
能与众生，无量快乐，能演无上，甘露妙法，
能开无上，甘露法门，能入一切，无患窟宅[③]；
能令众生，悉得解脱，度于三有，无量苦海，
安住正道[④]，无诸忧苦。
如来世尊，功德智慧，大慈悲力，精进方便，
如是无量，不可称计。
我等今者，不能说有，诸天世人，于无量劫，
尽思度量，不能得知。
如来所有，功德智慧，无量大海，一滴少分，
我今略赞，如来功德，百千亿分，不能宣一，
若我功德，得聚集者，回与众生，证无上道。

尔时信相菩萨即于此会从座而起，偏袒右肩，右膝着地，合掌向佛而说赞言：

世尊百福，相好微妙，功德千数，庄严其身，
色净远照，视之无厌，如日千光，弥满虚空，

光明炽盛，无量无边，犹如无数，珍宝大聚。
其明五色，青红赤白，琉璃颇梨[⑤]，如融真金，
光明赫奕，通彻诸山，悉能远照，无量佛土。
能灭众生，无量苦恼，又与众生，上妙快乐，
诸根清净，微妙第一，众生见者，无有厌足。
发绀柔软[⑥]，犹孔雀项，如诸蜂王，集在莲华。
清净大悲，功德庄严，无量三昧，及以大慈，
如是功德，悉以聚集。
相好妙色，严饰其身，种种功德，助成菩提。
如来悉能，调伏众生，令心柔软，受诸快乐，
种种深妙，功德庄严，亦为十方，诸佛所赞，
其光远照，遍于诸方，犹如日月，充满虚空。
功德成就，如须弥山[⑦]，在在示现，于诸世界。
齿白齐密，犹如珂雪，其德如日，处空明显，
眉间毫相，右旋宛转，光明流出，如琉璃珠，
其色微妙，如日处空。
尔时道场菩提树神复说赞曰：
南无清净，无上正觉，甚深妙法，随顺觉了。
远离一切，非法非道，独拔而出，成佛正觉。
知有非有，本性清净，希有希有，如来功德，
希有希有，如来大海，希有希有，如须弥山，
希有希有，佛无边行，希有希有，佛出于世，
如优昙华，时一现耳。

希有如来，无量大悲，释迦牟尼，为人中日，
为欲利益，诸众生故，宣说如是，妙宝经典。
善哉如来，诸根寂灭，而复游入，善寂大城，
无垢清净，甚深三昧[8]，入于诸佛，所行之处，
一切声闻[9]，身皆空寂，两足世尊，行处亦空。
如是一切，无量诸法，推本性相[10]，亦皆空寂。
一切众生，性相亦空，狂愚心故，不能觉知。
我常念佛，乐见世尊，常作誓愿，不离佛日。
我常于地，长跪合掌，其心恋慕，欲见于佛。
我常修行，最上大悲，哀泣雨泪，欲见于佛。
我常渴仰，欲见于佛，为是事故，忧火炽然。
惟愿世尊，赐我慈悲，清冷法水，以灭是火。
世尊慈愍，悲心无量，愿赐我身，常得见佛。
世尊常护，一切人天，是故我今，渴仰欲见。
声闻之身，犹如虚空，焰幻响化[11]，如水中月，
众生之性，如梦所见，如来行处，净如琉璃，
入于无上，甘露法处，能与众生，无量快乐。
如来行处，微妙甚深，一切众生，无能知者。
五通神仙，及诸声闻，一切缘觉，亦不能知。
我今不疑，佛所行处，惟愿慈悲，为我现身。

尔时世尊，从三昧起[12]，以微妙音，而赞叹言："善哉善哉！树神善女！汝于今日，快说是言，一切众生，若闻此法，皆入甘露，无生法门。"

注释:

①迦陵频伽:产于印度的鸟,属于雀类,以音声美妙著称。意为好声鸟、美音鸟、妙声鸟。其色黑似雀,羽毛甚美,喙部呈赤色,在卵壳中即能鸣,音声清婉,和雅微妙。佛教经典中,常以其鸣声比喻佛菩萨之妙音。

②寂灭:指佛三涅槃境界,法身空性境界,故下文译为"澄明"。

③无患窟:义净译文为"涅槃城",指一切贪嗔痴烦恼永灭的涅槃境界。

④正道:即"八正道"。

⑤颇梨:又作"玻璃",意译"水玉"、"白珠"、"水精"等。七宝之一。"琉璃颇梨"指诸色珍宝。

⑥发绀:头发绀青色。

⑦如须弥山:此处对照义净译文,当是指佛之身光。

⑧三昧:又作"三摩地",意为"等持"、"定"、"正定"等。心止于一处而不动、心一境性名为定。

⑨一切声闻:此处指声闻弟子。

⑩性相:指体性与相状。不变而绝对之真实本体,或事物之自体,称为"性";差别变化之现象的相状,称为"相"。本经以性相皆为空寂。

⑪焰幻响化:焰幻指水泡之阳焰,响化指声音倏忽消失。

⑫三昧:指禅定。

译文:

那时,无量百千万亿的诸菩萨众,从此世界到金宝盖山王

如来的国土。到了彼土后，五体投地，为佛作礼，安坐一边，合掌向佛，异口同音而赞叹说：

如来金色微妙身，光明照耀如金山，
身净柔软如莲华。
三十二相遍庄严，八十种好皆圆备，
光饰其体洁无比。
圆足无垢如满月，其音清彻似梵声，
如狮子吼雷震音；六种清净微妙声，
迦陵频伽孔雀声，清净无垢威德具。
百福相好庄严身，光明远照无齐限，
智慧澄明无爱染。
世尊成就无量德，譬如大海须弥山，
哀愍利益诸众生，于未来世与安乐。
如来所说第一义，令证涅槃真寂静，
能与众生无量乐。
能演无上甘露法，能开无上甘露门，
能入一切无患窟，能令众生悉解脱。
已度三有大苦海，安住正道无诸苦。
如来功德与智慧，慈悲、精进与方便，
德海无量不可计，我等今者不能说。
诸天世人无量劫，尽其思维不能知，
如来功德智慧海，无量大海之一滴。
我今略赞如来德，百千亿分不及一，
我所聚集之功德，回向众生证菩提。

那时，信相菩萨在此会中，即从座起，偏袒右肩，右膝着地，合掌向佛赞叹说：

世尊百福相圆满，功德千数庄严身，
色净远照视无厌，如日千光弥满空。
光明炽盛无边际，犹如无数珍宝聚，
青红赤白及杂色，五色光耀如融金；
光明赫奕彻诸山，悉能远照无量土，
能灭众生无量苦，又与无边上妙乐。
诸根清净妙第一，众生乐睹无厌足。
发绀柔软孔雀项，犹如蜂王集妙华，
清净大悲德庄严，无量三昧及大慈，
如是功德悉聚集，相好妙色严饰身，
种种功德成菩提。
如来调伏诸众生，令心柔软受诸乐。
种种妙德共庄严，亦为十方诸佛赞，
其光远照遍十方，犹如日月满虚空。
功德成就如须弥，示现周遍诸世界。
齿白齐密如珂雪，德如日处空明显。
眉间毫相右旋转，光明流出如琉璃，
妙如赫日遍空中。

那时，道场菩提树神又赞叹说：

南无清净无上觉，甚深妙法随顺觉，
远离一切非法道，独拔而出成正觉。
知有非有本清净，希有如来功德海，

希有如来智慧海，希有光相如须弥，
希有世尊无边行，希有如来出于世，
如优昙华时一现；希有如来大慈悲，
释迦牟尼人中日，为欲利益众生故，
宣说如是妙宝经。
善哉如来诸根定，能入寂静涅槃城，
无垢清净深三昧，入于诸佛所行处。
声闻弟子身空寂，两足尊行处亦空，
如是一切无量法，推本性相皆空寂，
一切众生亦空寂。
狂愚心故不能觉，我常念佛乐见佛，
我常誓愿不离佛。
常于地上跪合掌，其心恋慕欲见佛；
常行最上之大悲，哀泣雨泪欲见佛；
心中忧火炽然盛，我常渴仰欲见佛。
惟愿世尊赐慈悲，清凉法水灭忧火！
世尊无量慈悲心，愿赐我身常见佛！
世尊常护诸人天，是故我今欲见佛，
声闻之身如虚空，如焰如响如水月，
众生之性如梦幻。
如来行处如琉璃，入于无上甘露法，
能与众生无量乐。
如来行处妙甚深。
一切众生无能知，五通神仙及声闻、

一切缘觉亦不知。

我今不疑佛行处，惟愿慈悲为现身！

那时世尊即从禅定中出，以微妙梵音赞叹说：“善哉善哉！树神善女天！你于今日宣扬妙言，一切众生若听闻到此法，皆入甘露无生法门。”

嘱累品第十九

按照三分科经的惯例，本品属于流通分的付嘱部分。佛陀从定中起，付嘱诸天神护持流通此经，勿使断绝；又叙说受持本经的利益，劝诸天众等广为流传，使流通久远，令未来世众生得到大利益。诸天神殷重宣说誓言，依照世尊付嘱而护持此经。

尔时释迦牟尼佛从三昧起，现大神力，以右手摩诸菩萨摩诃萨顶。与诸天王及诸龙王、二十八部散脂鬼神大将军等而作是言："我于无量百千万亿恒河沙劫修习是金光明微妙经典，汝等当受持读诵，广宣此法，复于阎浮提内无令断绝。若有善男子、善女人，于未来世中有受持读诵此经典者，汝等诸天常当拥护，当知是人于未来世无量百千人天之中常受快乐，于未来世值遇诸佛，疾得证成阿耨多罗三藐三菩提。"

尔时诸大菩萨及天龙王、二十八部散脂大将等，即从座起，到于佛前，五体投地，俱发声言："如世尊敕，当具奉行！"如是三白，"如世尊敕！当具奉行！"于是散脂大将等而白佛言："如世尊敕！若未来世中有受持是经，若自书，若使人书，我等与此二十八部诸鬼神等常当随侍拥护，隐蔽其身，是说法者皆悉消灭诸恶，令得安隐。愿不有虑！”

尔时释迦牟尼佛现大神力，十方无量世界悉皆六种震动。是时诸佛皆大欢喜，嘱累是经故，赞美持法者，现无量神力。于是无量无边阿僧祇菩萨摩诃萨大众，及信相菩萨、金光、金藏、常悲、法上等，及四天大王、十千天子，与道场菩提树神、坚牢地神及一切世间天人阿修罗等，闻佛所说，皆发无上菩提之道，踊跃欢喜，作礼而去。

译文：

那时释迦牟尼佛从三昧起，示现大神力，以右手遍摩诸菩萨摩诃萨的头顶，对诸天王、诸龙王、二十八部散脂鬼神大将军等说了这样付嘱的话：“我于无量百千万亿恒河沙劫修习这部《金光明》微妙经典，你们应当受持读诵，广为宣说此法，不要让此经在阎浮提内的流通断绝。如果有善男子善女人，在未来世中有受持读诵这部经典的，你们诸天应当常常拥护，当知此人在未来世无量百千人天之中常受快乐，于未来世会值遇诸佛，速疾得证阿耨多罗三藐三菩提。”

那时诸大菩萨及诸天、龙王、二十八部散脂大将等，即从座起，到了佛前，五体投地，同声说：“遵照世尊敕令，我等完全奉行！”这样说了三遍，“遵照世尊敕令，我等完全奉行！”于是散脂大将等对佛说：“遵照世尊敕令！如果未来世中有人受持这部经，若是自己书写，若是让别人代为书写，我们将与二十八部诸鬼神等隐蔽身形，常常跟随护卫这人，使得这位受持说法的

人消灭一切诸恶，得到安稳。请您不必挂念！”

那时释迦牟尼佛示现大神力，十方无量世界都发出了六种震动。这时诸佛皆大欢喜，为了付嘱这部经的缘故，赞美持法的人，示现了无量的神力。于是无量无边阿僧祇的菩萨摩诃萨大众及信相菩萨、金光、金藏、常悲、法上等菩萨，及四大天王、十千天子，与道场菩提树神、坚牢地神及一切世间天人、阿修罗等听闻了佛的说法之后，都发起了无上菩提之心，踊跃欢喜，作礼而去。

延伸阅读书目

《金光明经》，北凉三藏法师昙无谶译，《大正藏》第16册，第335页。

《合部金光明经》，隋沙门释宝贵合，《大正藏》第16册，第359页。

《金光明最胜王经》，唐三藏沙门义净译，《大正藏》第16册，第403页。

《金光明经玄义》，隋智颇说，灌顶录，《大正藏》第39册，第1页。

《金光明经文句》，隋智颇说，灌顶录，《大正藏》第39册，第46页。

《金光明经玄义拾遗记》，宋知礼述，《大正藏》第39册，第12页。

《金光明经文句记》，宋知礼述，《大正藏》第39册，第83页。

《金光明经疏》，隋吉藏撰，《大正藏》第39册，第160页。

《金光明最胜王经疏》，唐慧沼撰，《大正藏》第39册，第175页。

《金光明经玄义顺正记》，宋从义撰，《卍续藏》第20册，第300页。

《金光明经文句新记》，宋从义撰，《卍续藏》第20册，第369页。

《金光明经照解》，宋宗晓述，《卍续藏》第20册，第478页。

《金光明经科注》，明受汰集，《卍续藏》第20册，第539页。

《隋国师智者天台山国清寺释智𫖮传》,《续高僧传》卷17,《大正藏》第50册,第560页。

《金光明忏法》,《国清百录》卷一,《大正藏》第46册,第796页。

《智者遗书与临海镇将解拔国述放生池》,《国清百录》卷四,《大正藏》第46册,第822页。

《金光明最胜忏仪》,宋知礼集,《大正藏》第46册,第961页。

《金光明忏法补助仪》,宋遵式集,《大正藏》第46册,第957页。

《法界圣凡水陆胜会修斋仪轨》,志磐撰、明袾宏重订,《卍续藏》第74册,第784页。

《重编诸天传》,宋行霆述,《卍续藏》第88册,第421页。

《供诸天科仪》,清弘赞集,《卍续藏》第74册,第637页。

《佛说四天王经》,南朝宋智严、宝云译,《大正藏》第15册,第118页。

《佛说毗沙门天王经》,宋法天译,《大正藏》第21册,第217页。

《佛说大吉祥天女十二名号经》,唐不空译,《大正藏》第21册,第252页。

《坚牢地天仪轨》,唐善无畏译,《大正藏》第21册,第354页。

CBETA《大藏经》、《卍续藏》电子版。

《中华佛教百科全书》电子版。

《佛光大词典》电子版。

丁福保《佛学大词典》电子版。

欧阳竟无,《金光明经叙》,《藏要》第三辑(第9册),上海书店, 1991年影印本。

周叔迦,《二十四诸天考》,《周叔迦佛学论著集》(下集),北京:中华书局,1991年。

牟宗三,《金光明玄义论"无住本"》,收于张曼涛编《现代佛教学术丛刊》第58册《天台典籍研究》,1976年。

圣凯,《中国佛教忏法研究》,北京:宗教文化出版社,2004年。

张文良,《金光明(最胜王)经》选译,《中国佛教经典宝藏精选白话版》,高雄:佛光出版社,1996年。

崔红芬,《西夏〈金光明最胜王经〉信仰研究》,《敦煌研究》2008年第2期,第54页。

耿世民,《回鹘文〈金光明经〉研究》,《新疆师范大学学报》(哲学社会科学版),2008年第3期,第30页。

黄延军,《中国国家图书馆藏西夏译北凉本〈金光明经〉残片考》,《宁夏社会科学》,2007年第2期,第103页。

N. Yakhontova,《〈金光明经〉蒙文、卫拉特本》,2006年西域文献座谈会·中国国家图书馆。

张涌泉、李玲玲,《敦煌本〈金光明最胜王经音〉研究》,

《敦煌研究》, 2006 年第 6 期, 第 149 页。

林鸣宇,《〈金光明经〉信仰及其忏法之流传》,《佛学研究》2004 年, 第 168 页。

杨宝玉,《〈忏悔灭罪金光明经冥报传〉校考》,《英国收藏敦煌汉藏文献研究》, 北京: 中国社会科学出版社。2000 年。

(日)护雅夫撰, 李树辉译,《回鹘语译本〈金光明最胜王经〉》,《语言与翻译》, 1997 年第 4 期, 第 24 页。